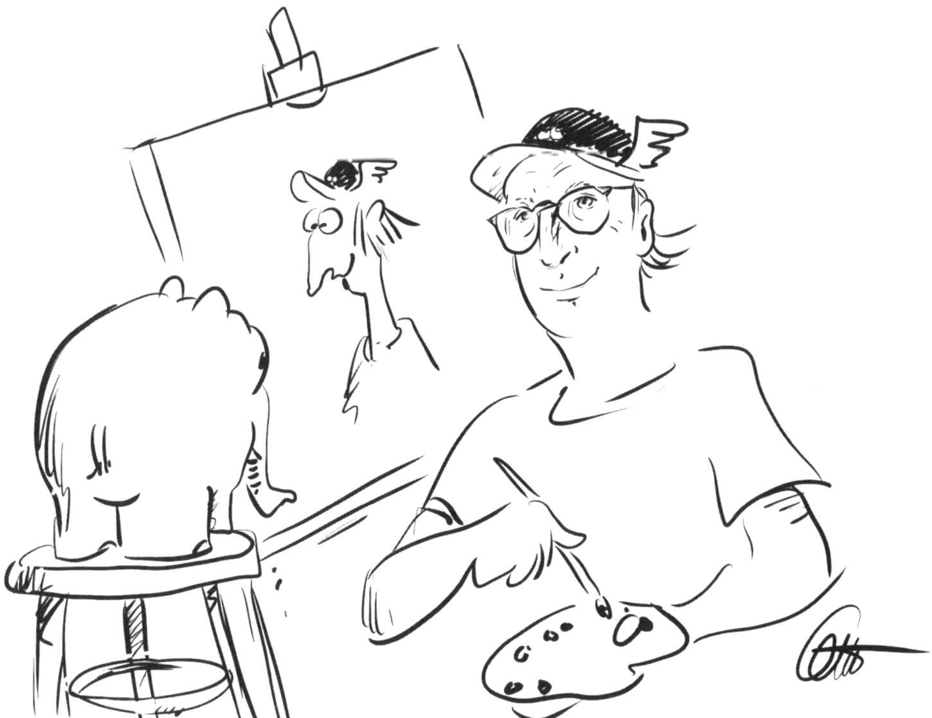

OTTO WAALKES

Ganz große Kunst

75 Meisterwärke

Mit einem Vorwort von
Denis Scheck

HEYNE

»Alle Künste sind gut,
ausgenommen
die langweilige Kunst.«

Voltaire

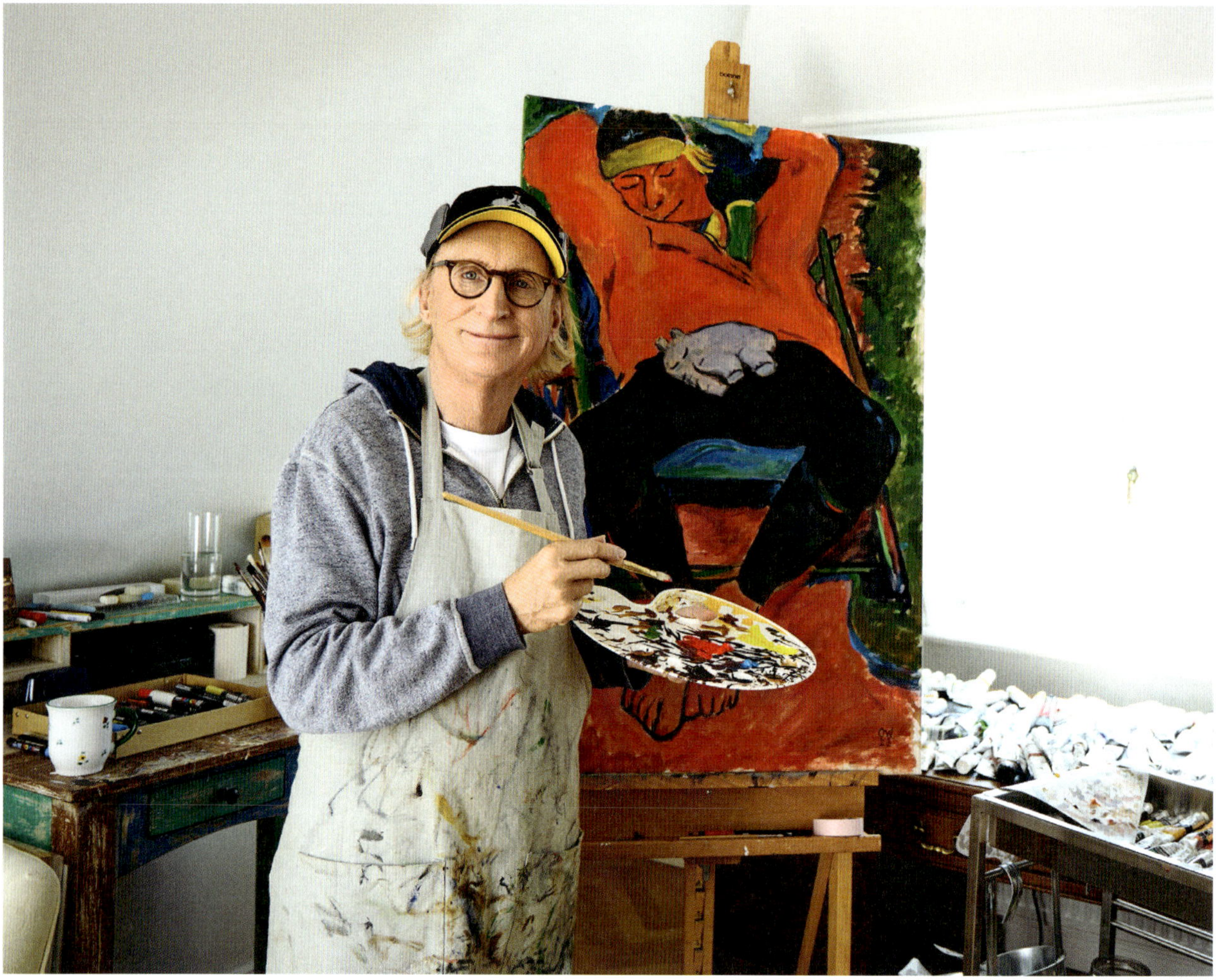

Der Maler
Otto Waalkes,
2023

Grußwort

Kunst, sagte einst ein weiser Mann,
ist immer das, was man nicht kann.
Denn wenn man's könne, fährt er fort,
sei's keine Kunst. Das ist ein Wort.

Das unbeliebteste Format
in der Kunst ist das Quadrat.
Rechtecke, mal hoch, mal breit,
füllten Maler jeder Zeit.

Doch wie alles hier auf Erden
muss auch das mal anders werden.
Dafür sorgt hier als Garant
Einer nur: der Ottifant.

Künstler, wie sie sich auch plagen,
kennen Angst vor dem Versagen.
Dass alles, was an Kunst gemacht wird,
Von ihrem Publikum verlacht wird.

Nur ich kenn solche Ängste kaum –
im Gegenteil: es ist mein Traum,
dass Menschen über meine Sachen
lächeln oder sogar lachen.

Dem ist nichts hinzuzufügen –
ich wünsche allen: Viel Vergnügen.

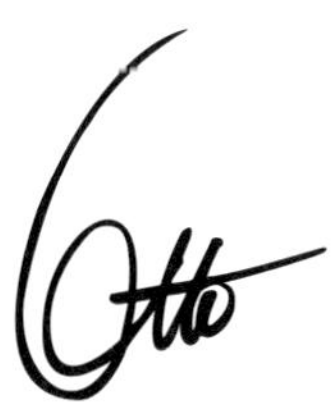

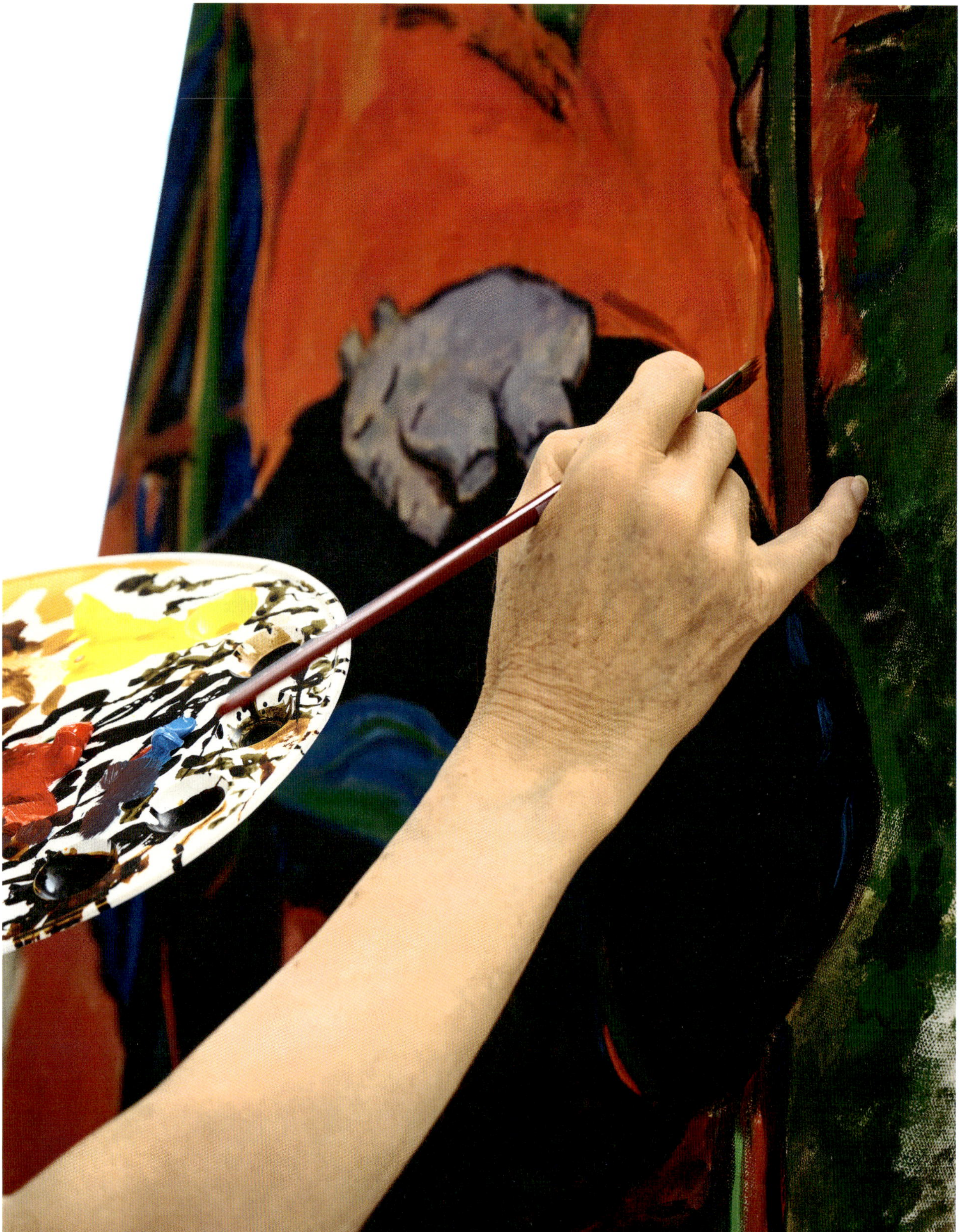

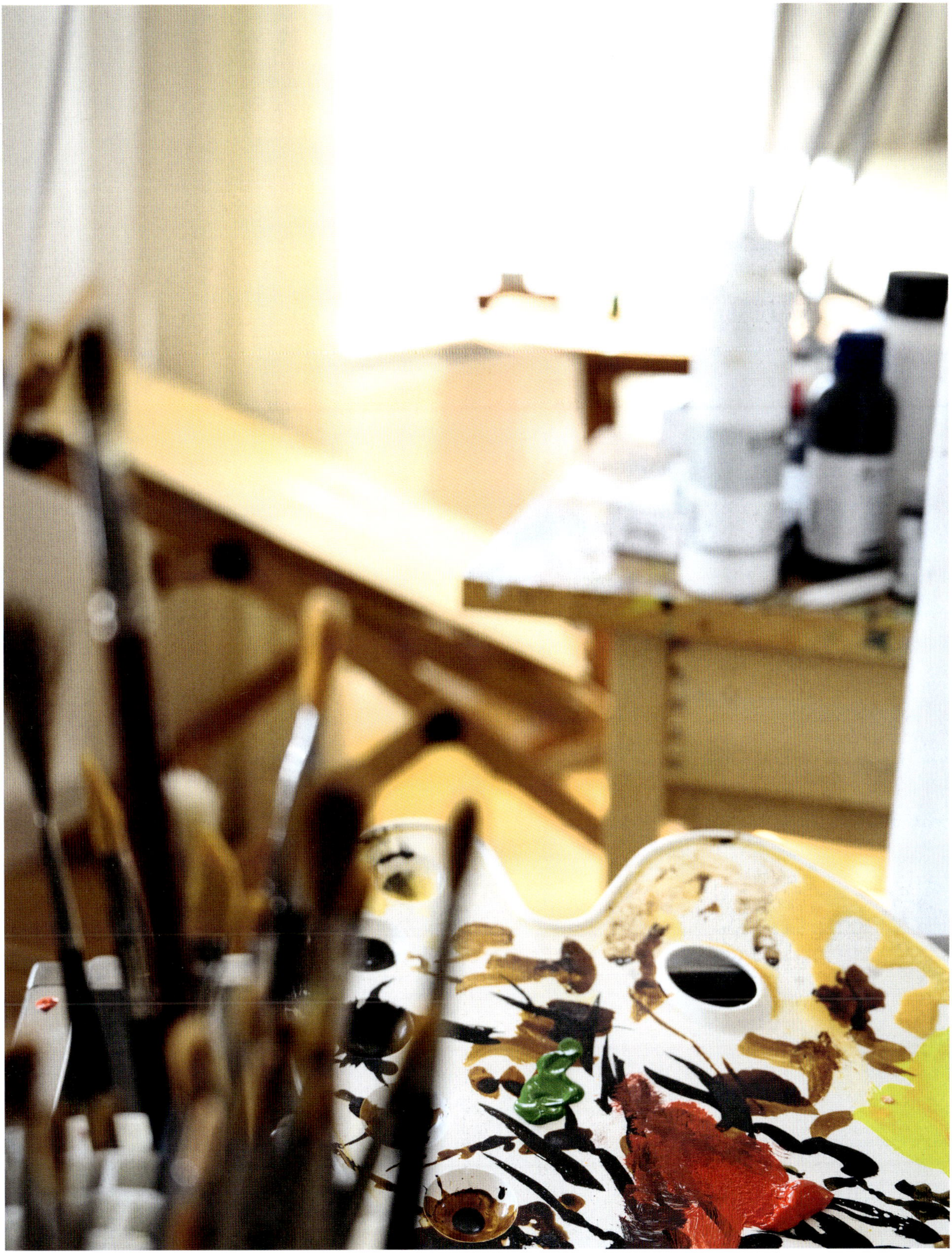

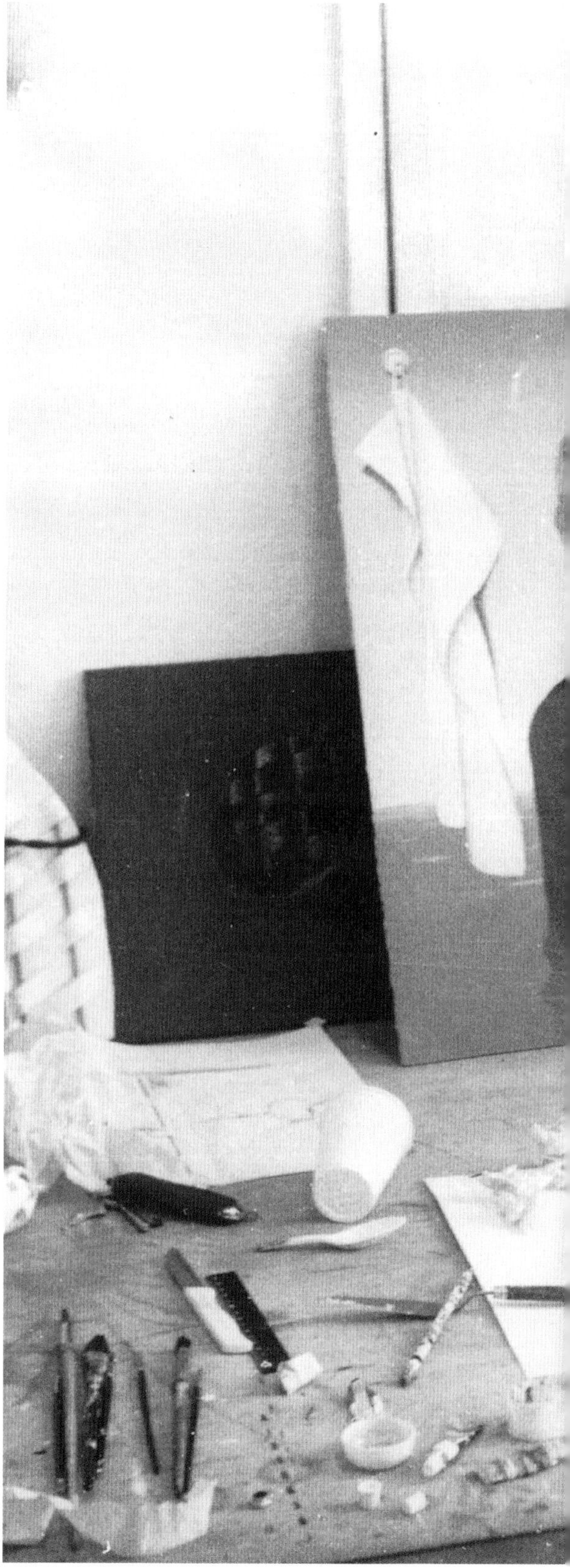

Der Kunststudent
Otto Waalkes,
1970/71

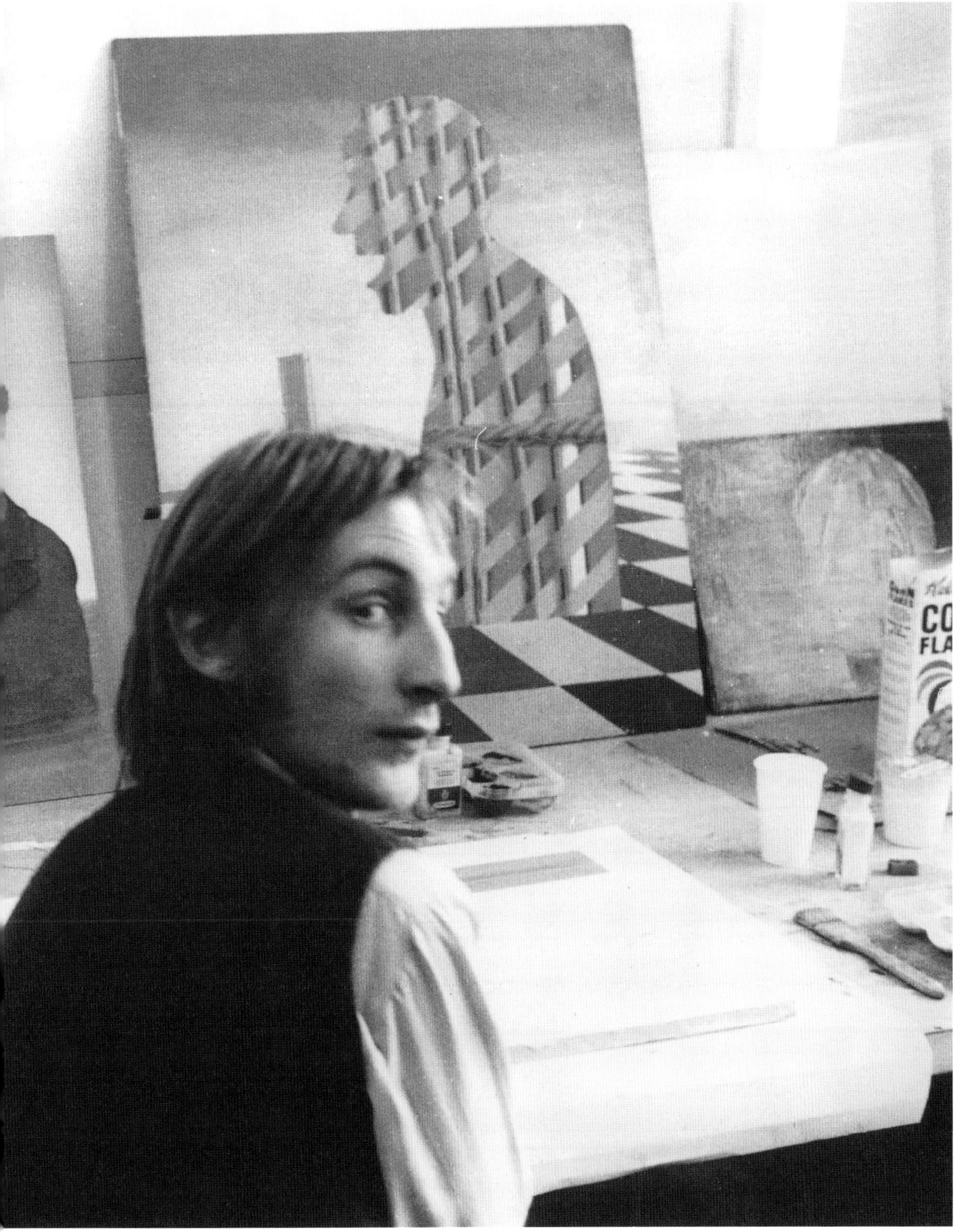

Der Elefant im Raum

Wenzel: »Kunst ist schön.«
Esmeralda: »Macht aber viel Arbeit.«
Curt Alexander & Max Ophüls, Drehbuch zu »Die verkaufte Braut«

Ein majestätisches Dreimaster-Segelschiff wird von einem qualmenden Schlepper auf der Themse zum Abwracken gezogen – ist das eine aufgehende Sonne, die optimistisch vom Beginn einer neuen Epoche kündet? Oder ganz im Gegenteil eine untergehende Sonne, die das melancholische Ende einer Ära bezeugt? Und ist dieses Dampfschiff in Wahrheit nicht ein gigantischer Ottifant? Eine Farbexplosion zeigt eine Brücke über einem Seerosenteich, auf den zweiten Blick bleibt das Auge am erhobenen Rüssel eines Ottifanten hängen, dessen Masse wie die des berühmten Eisbergs zu sieben Achteln unter Wasser verborgen bleibt. Zwei Ottifanten umtollen einen Reiter hoch zu Ross auf einer trabenden Fuchsstute am Strand, während schaumgekrönte Wellen ans Ufer schlagen – Ausdruck von Lebensfreude pur.

Otto Waalkes ist der größte Kunsträuber aller Zeiten. Seine Beute: die gesamte Kunstgeschichte der Menschheit. Sein Trick: aus einer Mücke einen Elefanten machen, nein – einen Ottifanten. Dieser erblickte als Signet von »Rüssl Räckords« offiziell 1973 auf der ersten »Otto«-Schallplatte die Welt; gezeichnet hat Otto Waalkes sein Emblemtier aber schon in Schülerzeiten. Otto Waalkes' Fischzug ist in der Geschichte des Kunstdiebstahls tatsächlich beispiellos und lässt selbst die in Napoleons Auftrag von Vivant Denon aus allen Ecken der damals bekannten Welt zusammengeräuberte Sammlung des Louvre verblassen. Skrupellos sackt Waalkes alles ein, was gut, schön und wahr und vor allem teuer ist: von prähistorischen Höhlenmalereien, altägyptischen Götterreliefs und griechischen Mischgefäßen, sogenannten Krateren, über die großen Meisterwerke da Vincis, Dürers und Michelangelos, den Ikonen des Impressionismus, Expressionismus und der Moderne bis hin zu dem, was viele heute für Kunst halten, also Damien Hirst, Banksy und Alec Monopoly. Nichts, absolut nichts ist vor diesem Mann und seinen Ottifanten sicher. Warum zum Teufel darf der das?

Alle Kunst ist kulturelle Aneignung. Nichts wird jemals ganz aus sich selbst geschöpft – weder einzeln von Individuen noch kollektiv von Kulturen. Diese Erkenntnis brachte schon der große, 2006 viel zu früh verstorbene deutsche Dichter Robert Gernhardt in seinem Gedicht »Selbstbefragung« auf den Punkt: »Ich horche in mich rein. / In mir muß doch was sein. / Ich hör nur›Gacks‹ und ›Gicks‹. / In mir da ist wohl nix.« Kunst entsteht nicht aus Reinheit, sondern aus Kontamination – aus einem Akt produktiver Verunreinigung. Otto Waalkes' Kunst ist, paradox gesprochen, kulturelle Aneignung in Reinform. Hier mustert einer die Geschichte der Kunst, sieht sehr genau hin und fragt sich: Wie ist das gemacht? Funktioniert es auch dann noch, wenn man etwas wegnimmt? Und erst recht, wenn man etwas hinzufügt? Zum Beispiel einen Ottifanten?

Damit stehen drei entscheidende, aber bislang unadressierte Fragen als Elefant im Raum: Wer ist Otto Waalkes? Was ist Kunst? Und: Was soll das?

Beginnen wir mit der schwierigsten. Otto – täuscht mich meine Erinnerung, oder kam der Nachname nicht erst später ins Spiel? – Otto ist der Kobold der schieren schönen Unvernunft. Ein Anarch, der den grauen durchrationalisierten Alltag der Bundesrepublik der 70er-Jahre aufmischt. Ein Verwandter im Geiste von Karlsson vom Dach und Pippi Langstrumpf. Jemand, der die Decke des permanenten dumpfdeutschen Funktionieren-Müssens ein klein wenig anhebt und das darunter lauernde Chaos freisetzt. Ein Mensch gewordener Aufschrei gegen alle Zurichtungs- und Dressurversuche in Kartoffelland. Ein Fenster ins lodernde Feuer der Kreativität. Ein Lichtblick.

Die Mittel von Ottos Kunst sind Persiflage und Parodie – und eine unnachahmliche Körpersprache. Dieses Hibbelige, Quirlige, Quecksilbrige, buchstäblich veitstanzmäßig Unkontrollierbare ist reine Energie – so wie der Hüftschwung Elvis Presleys, die Mimik Fernandels, die sich konvulsivisch durch den ganzen Körper fortsetzenden Grimassen Jerry Lewis', der urbane Schlurch Woody Allens oder die Verrenkungsekstasen in Monty Pythons Glanznummern wie etwa John Cleese und Michael Palin im »Ministry of Silly Walks«. Ein ansteckender Strom, dessen elektrisierende Wirkung sich bis heute beim bloßen Nacherzählen legendärer Otto-Nummern verlässlich freisetzt. Die immer aggressiver werdenden Verkaufsmethoden im deutschen Buchhandel (»Du kaufst jetzt Günter Grass – sonst setzt es was …!«). Das Wort zum Montag über »Theo wir fahren nach Lodz« (»Aber um welchen Theo handelt es sich? Ist es nicht auch jener Theo in uns allen? Jener Theo, der in so wunderbaren Worten vorkommt wie Theologie, Theodorant, Thee oder Kaffee?«). Die inneren Vorgänge im Körper eines gewissen Herrn Soost, der in der Kneipe angemacht wird (»Öhr an Großhirn! Öhr an Großhirn! Habe soeben das Wort ›Saufkopf‹ entgegennehmen müssen … Großhirn an alle: Fertig machen zum Ärgern!«). Oder neue Trends auf dem internationalen Seifenmarkt (»Keili – eine Seife, die bis in die Achselhöhlen dringt!«).

Längst ist denn auch zum realen Handlungspersonal der Bundesrepublik Deutschland der 70er-Jahre das fiktive von Ottos Figurenrepertoire getreten. Willy Brandt und der ahnungslose Reporter Harry Hirsch, der in vielem

Hape Kerkelings Horst Schlämmer vorwegnahm. Alice Schwarzer und Susi Sorglos, die zu Hause sitzt und ihr goldenes Haar mit einem Föhn föhnt, bis dieser plötzlich zu ihr spricht. Die RAF und Oberförster Pudlich, der Schrecken der Wälder, »eine aufregende Persönlichkeit, aber im Grunde doch ein Arsch«. Sie alle sind Zeitgenossen.

Otto Waalkes' Kunst nimmt uns mit auf einen Gang durch die Kunstgeschichte. Sie ist eine lustvolle Durchmusterung der Tradition, die uns daran erinnert, dass wir Zwerge auf den Schultern von Riesen sind – oder im Fall von Otto Mücken auf dem Rücken von Elefanten. Hier hat jemand ein sehr gutes Auge und tritt in einen ironischen Dialog mit dem Menschheitsarchiv unserer Bilder und Artefakte. Otto Waalkes' Bilder lehren uns in ihren Travestien von Claude Monet oder William Turner, Max Liebermann oder Frida Kahlo, selber genauer hinzugucken, aufmerksamer zu sein, im Idealfall: neu zu sehen. Sind Waalkes' Bilder Kopien? Unser Verständnis einer Kopie ist anders als das, was die Antike unter einer Kopie verstand, die eine perfekte Kopie einem Original gleichstellte, war es doch schwerer zu machen. Waalkes schöpft nach – und schöpft zugleich doch aus sich selbst. Gleichzeitig fragen seine Bilder: Was macht die Kunst eigentlich mit uns?

Kunst macht mich glücklich. Wacher, reicher und achtsamer. Auch durchlässiger, sensibler, empfänglicher. Kunst beschwichtigt meine Ängste und entfacht meine Neugier. Kunst kalibriert meine Wahrnehmungsfähigkeit. Ich sehe in der Auseinandersetzung mit Kunst im Idealfall die Welt mit neuen Augen. Aber wo Kunst ist, ist auch Misstrauen. Ist Kunst nicht allzu oft nur ein Vorwand, die Sau rauszulassen – oder den Ottifanten? Neunzig Prozent aller Berichte über Kunst sind in Wahrheit Berichte über Geld. Alec Monopoly mit seinen Darstellungen von Geldsäcken und dem Monopoly-Mann trifft den Nagel auf den Kopf. Oder wie der unvergleichliche Oscar Wilde es schon vor über 150 Jahren auf den Punkt brachte: »Wenn sich Bankiers zum Abendessen treffen, reden sie über Kunst. Wenn sich Künstler zum Abendessen treffen, reden sie über Geld.«

Kunst schließt aus. Kunst ist elitär. Kunst lässt uns verstummen. Deshalb halten viele Menschen Kunst, insbesondere moderne Kunst, für einen einzigen großen Bluff. Die Aufführung von Andersens Märchen von des Kaisers neuen Kleidern in immer neuem Gewand. Schwingt ein Echo davon nicht mit in Pablo Picassos berühmter Aussage: »Wir alle wissen, dass Kunst nicht die Wahrheit ist. Kunst ist eine Lüge, die uns die Wahrheit erkennen lässt – wenigstens jene Wahrheit, die zu verstehen uns gegeben ist. Der Künstler muss es verstehen, die anderen von der Wahrhaftigkeit seiner Lüge zu überzeugen.«

Je länger ich mir Otto Waalkes' Roy Lichtenstein ansehe, seinen Watteau und seinen El Greco, desto unsicherer werde ich mir über das Verhältnis von Original und Nachschöpfung. Otto Waalkes eignet sich fremde Kunst an, aber er unterwirft sich dieser Kunst auch. Ottos Bilder geben uns die Möglichkeit, die Geschichte der menschlichen Kunst noch einmal Revue passieren zu lassen. Indem er eintaucht in das visuelle Gedächtnis der Menschheit von den Höhlenmalereien von Lascaux bis zu Andy Warhol, Basquiat und Damien Hirst, ermöglicht er uns eine Neubegegnung mit diesen Werken.

»To multiply the harbors does not reduce the sea«, weiß Emily Dickinson: der Bau neuer Häfen nimmt dem Meer nichts von seiner Größe. Otto Waalkes' Kunst lädt ein zum Lachen. Und feiert gleichzeitig die Größe der Kunst. Bravo!

Denis Scheck
Köln, 2023

Inhalt

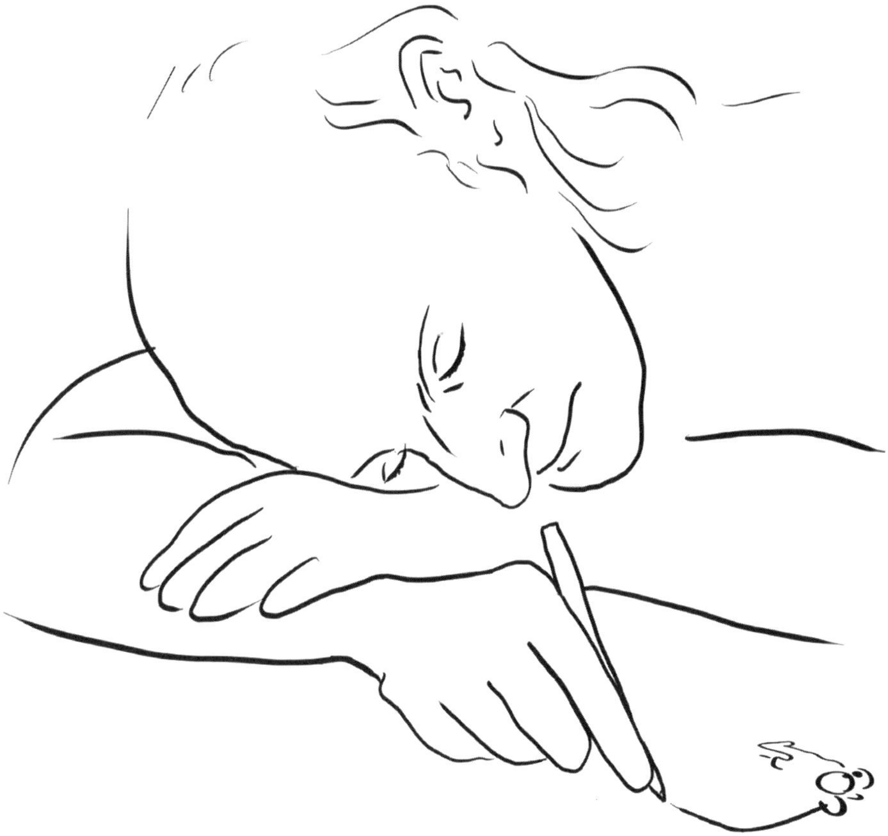

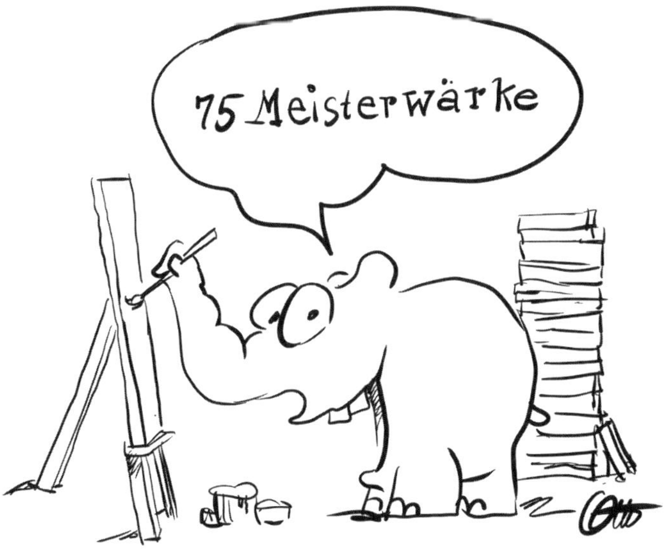
75 Meisterwärke

Halalithikum

Nach einer paläolithischen Höhlenmalerei, ca. 20 000 v. Chr.

In Ostfriesland siedelten bereits vor mehreren Tausend Jahren mehrere Hundert Ostfriesen an der Mündung der Ems, wo später die Stadt Emden erbaut werden sollte. Einen Teil der Stadt, südwestlich des Zentrums, zwischen Larrelter, Hansa-, Frisia- und Nesserlander Straße, nennt man Transvaal. Auf dem zentralen Platz »Unner de Boomen« steht ein Denkmal; es zeigt zwei graue Dickhäuter, die Rüssel erhoben, die Münder gespitzt, die *Küssenden Ottifanten*. Hinter den meisten Denkmälern steckt ja ein Anlass, selbst wenn der heutzutage nicht auf den ersten Blick erkennbar ist.

Auch in Transvaal liegt er im Verborgenen: Hier wurde irgendwann die Höhle entdeckt, auf deren Wand sich das Urbild des Ottifanten erhalten hat: ein zottiger Gigant, umzingelt von sieben Strichmännchen, die ihm mit Speeren und Pfeilen auf den Pelz rücken.

Immerhin hatte also auch ein noch namenloser Ostfriese bemerkt, dass es möglich ist, die Wände seiner Höhle mit Bildern zu schmücken. Ein gutes Mittel gegen die Langeweile, die vor allem abends in diesen Höhlen zu Hause war. Der Untergrund ist bräunlich wie Ostfriesentee, die Figuren sind schwärzlich wie auch die Umrisse des Ottifanten. Viele Fragen wirft er auf: Ist er der erste seiner Art, der hier zur Strecke gebracht werden soll? Oder etwa der letzte? Oder gab es ganze Ottifantenherden, die das Land hinter den Deichen kahl fraßen? Wir wissen es nicht. Wir wissen nur, dass es damals noch gar keine Deiche gab.

Auch der Name des Urhebers ward vom Wind der Zeit verweht. War es Kees van der Waal, der legendäre Ottifantenjäger, oder war es sein Neffe Otto, der zur Jagd weniger taugte als zur Kritzelei?

Fest steht: Dies ist der erste Ottifant, der durch die Kunstgeschichte geistert. Der letzte wird er bestimmt nicht sein.

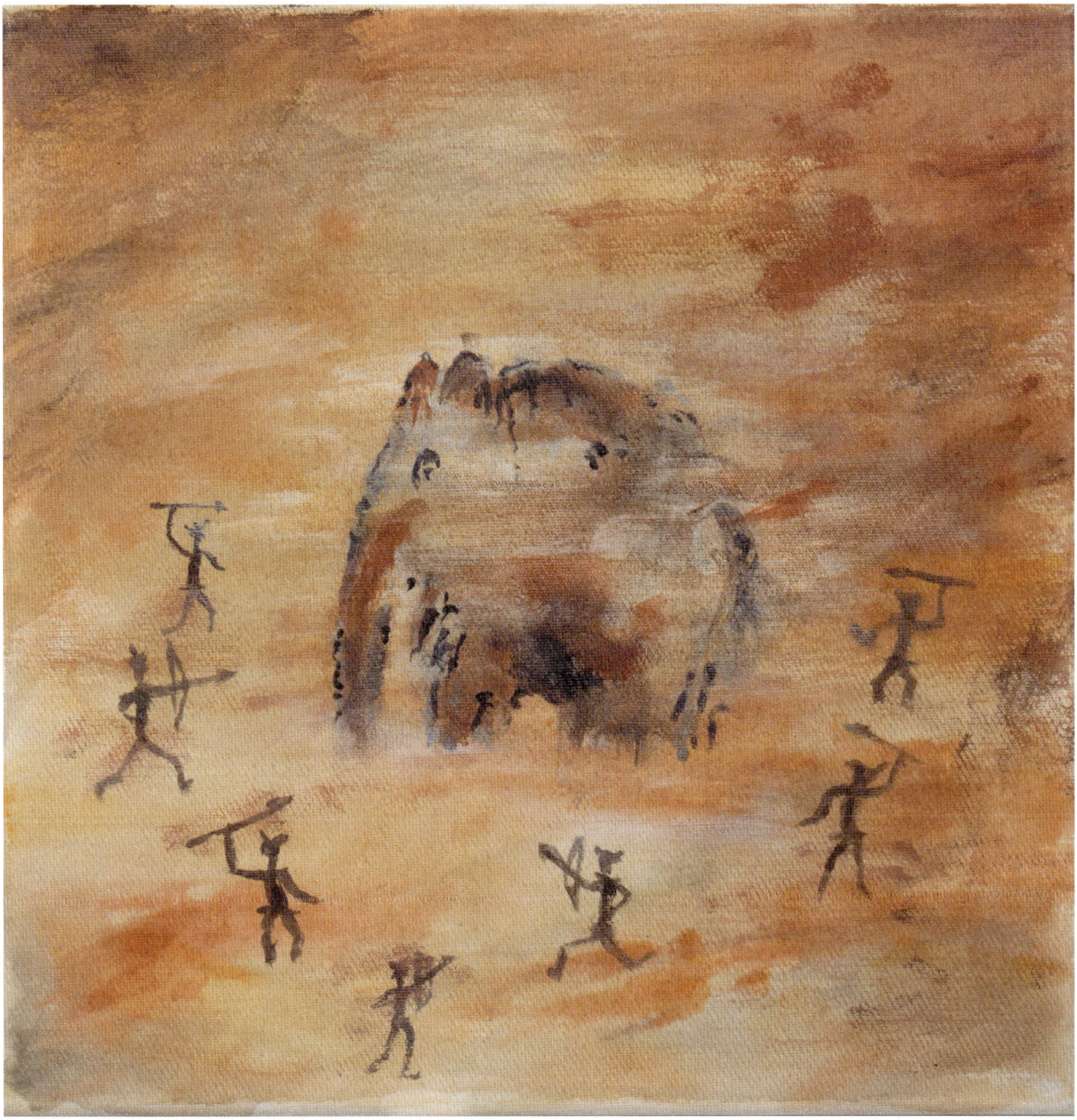

Statt Blumen

Nach einer ägyptischen Tontafel, um 1400 v. Chr.

Einer der bekanntesten Götter des alten Ägyptens ist Anubis. Man sieht ihn nie von vorn, sondern stets von seiner Schokoladenseite. Der kahl-, Pardon: scha-kal-köpfige Gott besitzt übermenschliche Kräfte: Er bringt mühelos etwa 30 Tonnen zur Hochstrecke, egal, was in den Tonnen drin ist. Und er ist zudem übermenschlich gut zu Fuß: Anubis ist mit einer Geschwindigkeit unterwegs, die selbst Usain Bolt alt aussehen lässt. Die 100 Meter läuft er unter drei Sekunden – allerdings nur im »Marvel«-Universum, wo er meist bei den Bösen mitlaufen muss.

In der altägyptischen Wirklichkeit war Anubis eine Art Bestattungsunternehmer, der bei der Einbalsamierung half und sich dann persönlich vom ordnungsgemäßen Zustand des Verschiedenen überzeugte. Auf Wunsch begleitete er die Mumie bis ins Reich der Toten.

Auf dieser Darstellung überreicht er der Pharaonin Almose Herdamith aus der 18. Dynastie des westlichen Theben ein wertvolles Geschenk. Der Dialog auf dieser Tontafel ist in Hieroglyphen abgefasst und lässt sich ungefähr so übersetzen – wobei wobei man bedenken sollte, dass es selbst den Göttern nicht gestattet war, eine Königin mit ihrem bürgerlichen Namen anzureden – umgekehrt indes schon:

Was liegt an, Anubis, altes Einwickelpapyrus!
Tochter der Sonne, Beherrscherin der Bienen, allerwerteste –
Mein Gott, komm endlich zur Sache!
Herrin der Heuschrecken, nimm dies Geschenk –
Aber das kann ich doch nicht annehmen …
Sei so gnädig, Mutter der Porzellankiste, und –
… ich kann doch nicht annehmen, dass das schon alles gewesen sein soll!

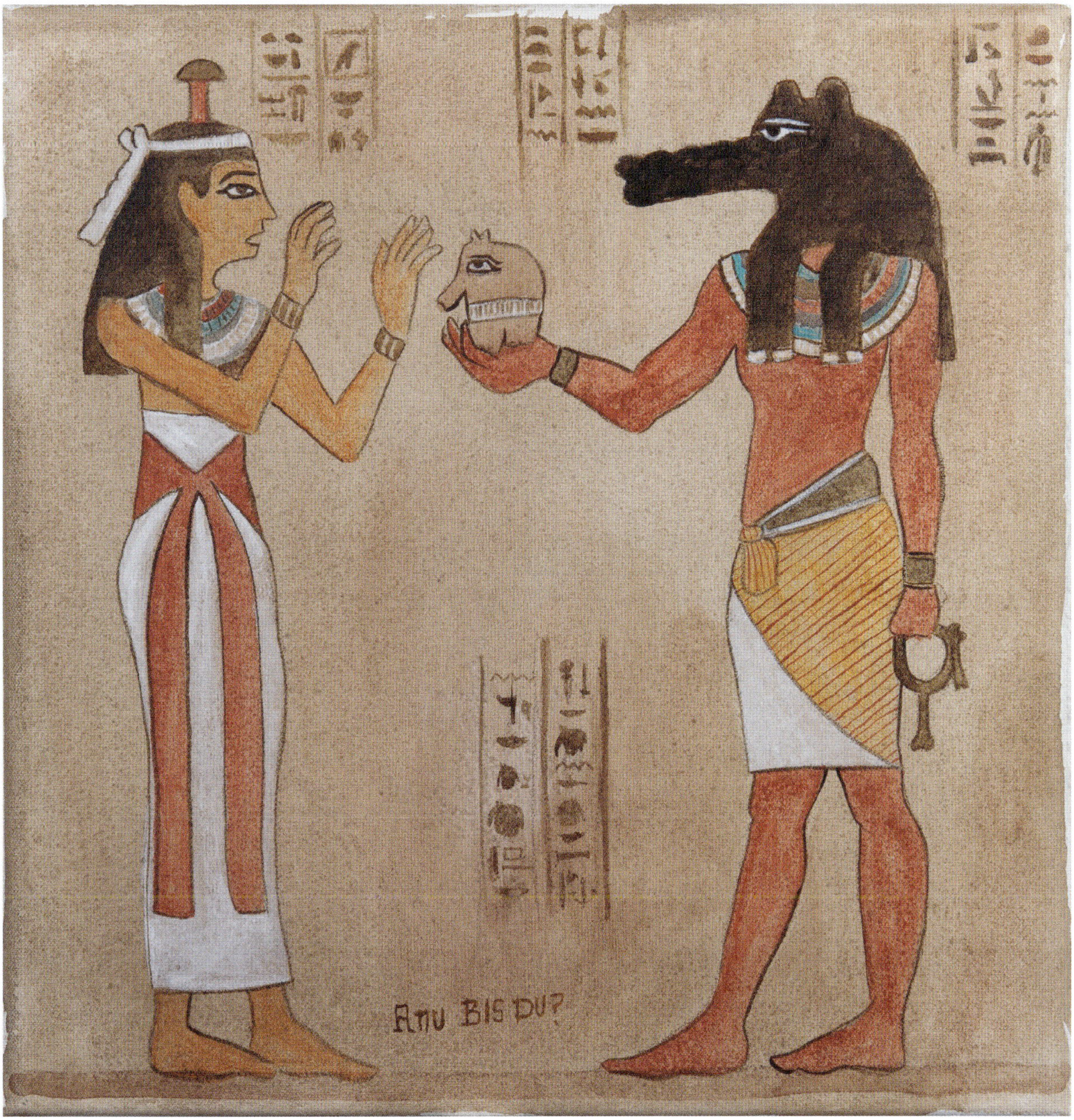
AMU BIS DU?

Tanz den Herkules

Nach einer griechischen Bügelhenkelamphore, 350 v. Chr.

Wir lernen jetzt auf von der Pike
das Kunstverständnis der Antike.
So vieles ging davon verloren,
erhalten haben sich Amphoren.

Die Form, gebaucht nach Vasenart,
ein Loch ganz oben ausgespart,
rechts und links zwei kleine Henkel,
der Untergrund zeigt schwarze Sprenkel.

Zum Kontrast ist das Motiv
strahlend hell und attraktiv:
Denn da kämpfen zwei Figuren
aus verschiedenen Kulturen.

Der eine schwingt wie Herkules
die Keule – dann erkennst du es:
Sein Gegner ist ein Ottifant –
doch was macht der in Griechenland?

Hat der Bock, sich hier zu raufen?
Oder eh'r davonzulaufen?
Er bleibt doch lieber auf Distanz
und fordert Herkules zum Tanz.

Beide tanzen den Sirtaki
und begießen das mit Raki.
Siehste wohl, da blüht sie schon:
uns're Zivilisation!

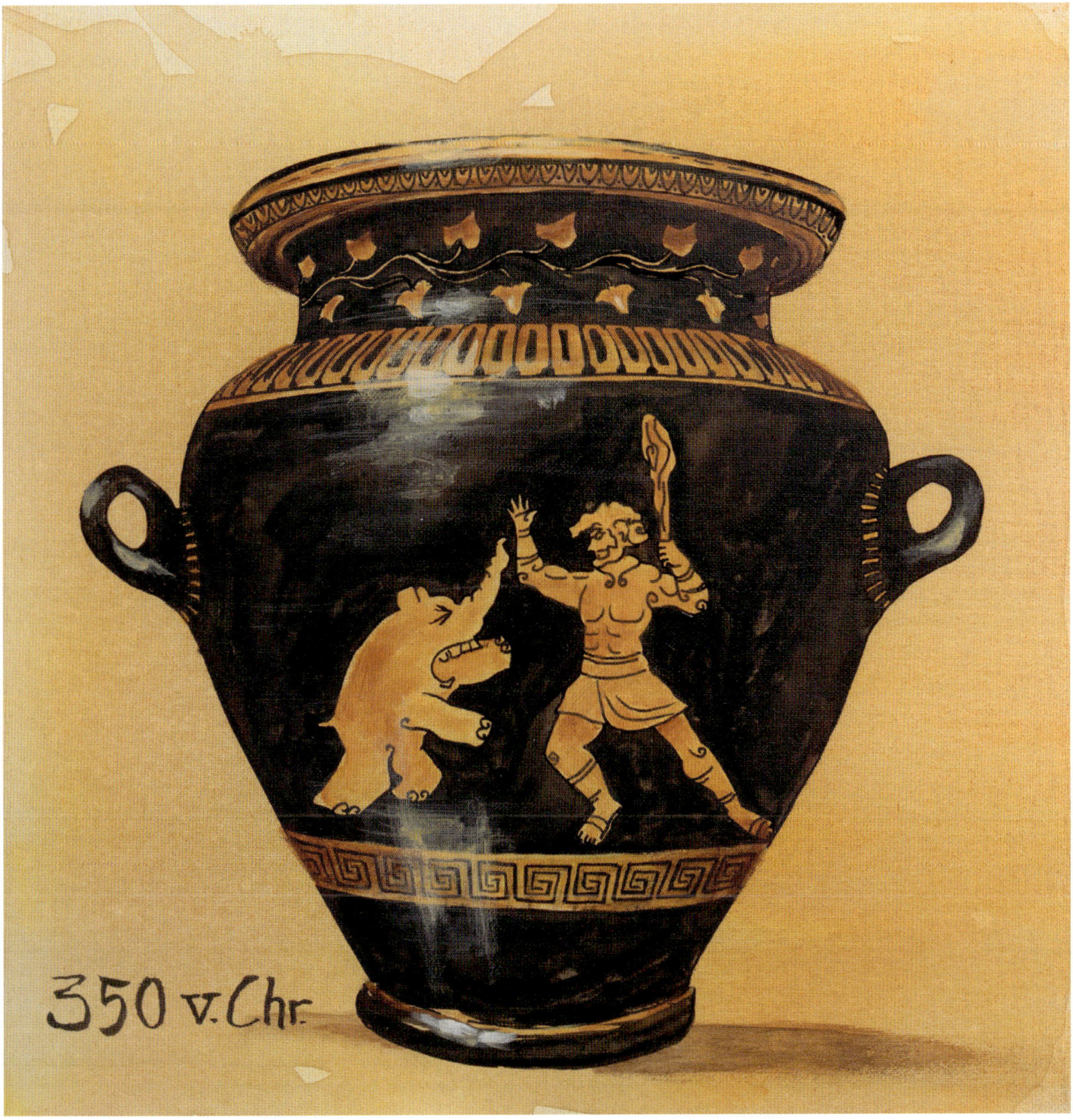
350 v.Chr.

Cave Ottifantem

Nach einem römischen Mosaik, 98 n. Chr.

Die Zahl 98 entspricht dem 851. Jahr seit der Gründung Roms. Zwei Jahre zuvor war der gefürchtete Kaiser Domitian gestorben, dessen Nachfolger Nerva den Thron seinem Adoptivsohn Trajan überließ. Ja, die Geschichte ist leider voller Namen, die weniger bekannt sind als Prinz Harry oder Lady Gaga.

Der britische Geschichtsschreiber Edward Gibbon erklärt in seinem Werk über *Verfall und Untergang des Römischen Imperiums*: »Wenn ein Mensch dazu aufgerufen wäre, sich auf einen Abschnitt in der Weltgeschichte festzulegen, in dessen Verlauf die Lage des Menschengeschlechts die glücklichste und fortschrittlichste war, so würde er, ohne zu zögern, jenen benennen, welcher vom Tod des Domitian bis zum Amtsantritt des Commodus reichte …«, zum Beispiel das Jahr 98. Der Mensch, den Gibbon meinte, war er natürlich selbst.

Otto Waalkes lebt ganz im Hier und Jetzt und hat des Öfteren bekräftigt, wie gut es ihm hier und jetzt gefällt. Eine Haltung, die der römische Kaiser Marc Aurel gelobt hat: »Ruhig und doch zugleich leicht beweglich, heiter und doch zugleich gesetzt – so ist der Mann, der in allem der Vernunft folgt.« Damit meinte auch Marc Aurel sich selbst.

Eine Säule in Rom, immerhin fast 40 Meter hoch, ehrt noch heute sein Andenken. Das Mosaik hat Marc Aurel allerdings nicht erfunden. 400 000 Jahre früher kam ein anonymer *Homo erectus bilzingslebenensis* auf die Idee, harte Steinchen in einen weichen Untergrund zu drücken, sodass sie ein bestimmtes Muster ergeben.

In unserem Fall ist es ein Ottifant, womöglich als Erinnerung an den Karthager Hannibal, der auf ähnlichen Tieren über die Alpen kam, um den Römern den Krieg zu erklären. Ob die wirklich verstanden haben, was Hannibal unter Krieg verstand, ist umstritten.

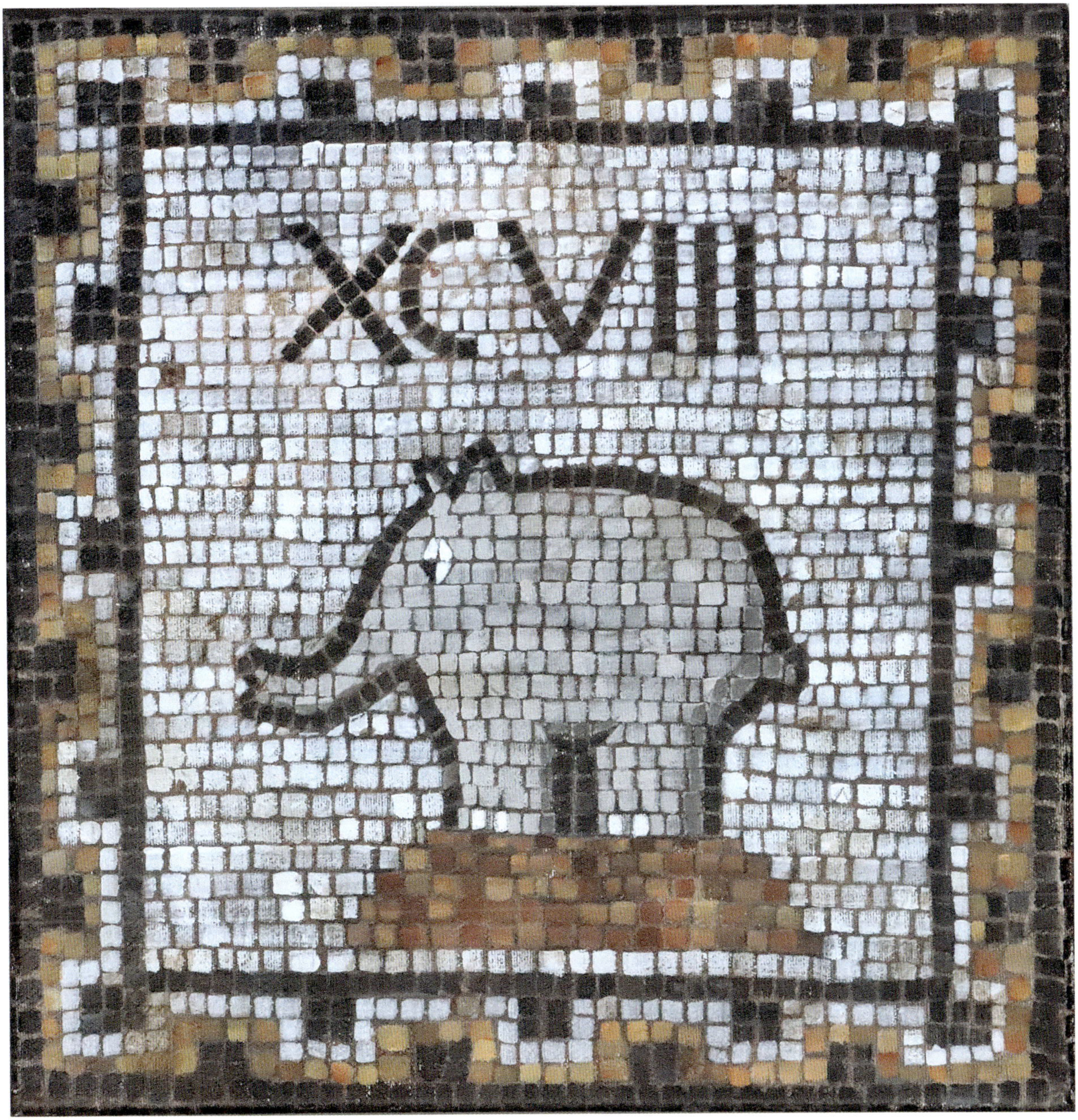
XCVIII

Namaste

Nach einer indischen Wandmalerei,
ca. 500 n. Chr.

Der elefantenköpfige Ganesha (indisch *nescha* = ostfriesisch *muschaah* = hochdeutsch *muss ja!*) ist die hinduistische Gottheit der Weisheit, der Wissenschaften und der Künste. Bei der Wahl zum »Gott des Jahres« belegt er in Indien regelmäßig eine Spitzenposition. Elefanten sind eben überall auf der Welt beliebt. Manch Mythos kündet davon, wie Ganesha zu seinem Elefantenkopf kam. Manch einer kennt nur einen: Bitte, Herr Waalkes, Ihr Mythos!

Da gab es einen Obergott namens Shiva – à propos Skifahren –
Bitte, Herr Waalkes!
Also, Shiva war verheiratet mit der Göttin Parvati – reimt sich übrigens auf Flokati!
Herr Waalkes!
Schon gut. Shiva hatte sich also zum Skifahren – Pardon: zum Meditieren in den Himalaja zurückgezogen. Parvati war einsam und wünschte sich einen Türsteher.
Wie bitte?
Keinen Türsteher? Gut: ein Kind! Also diesen Ganesha. Der bewachte die Tür –
Also doch ein Türsteher!
Eben. Und als Shiva zurückkam, ließ Ganesha ihn nicht rein. Es kam zum Streit – das kennt man ja von Diskotheken. Aber um es kurz zu machen: Shiva machte Ganesha einen Kopf kürzer. Seine Gemahlin Parvati war echt sauer und forderte von Shiva, ihren Ganesha wiederherzustellen. Doch Ganeshas Kopf fand sich nicht wieder. Okay, sagte Shiva, er kriegt den Kopf des ersten Wesens, das um die Ecke kommt. Und dreimal dürfen Sie raten, was das war … Es war ein Ottifant.
ELEfant!
Muschaah.

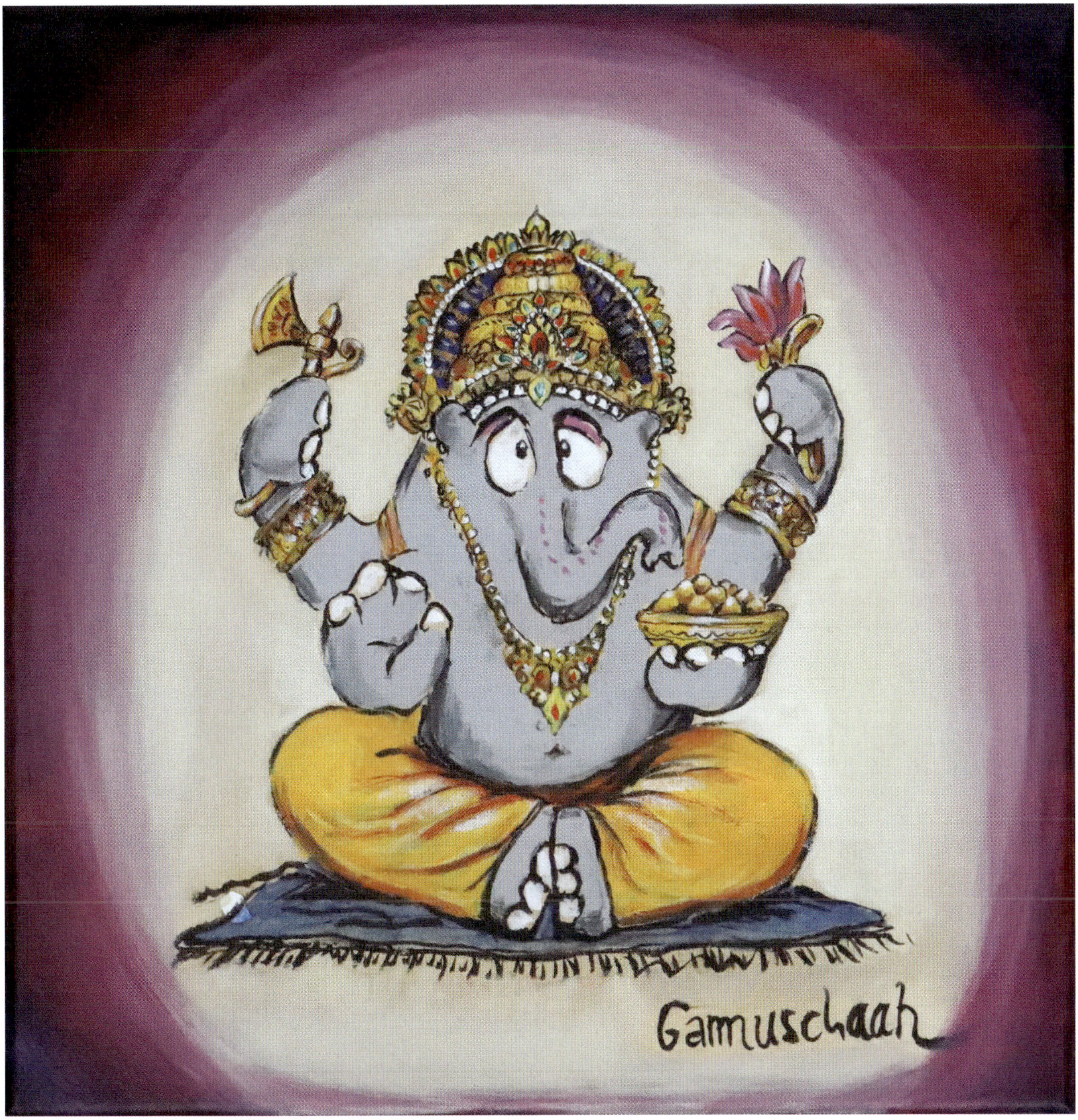
Gamuschaah

Standing Stones
Nach Moai-Statuen, Osterinseln,
ca. 700 n. Chr.

Auf den fernen Osterinseln
kann man schöne Poster pinseln
von den uralten Skulpturen
mit bloß wenigen Gravuren.
Was verraten diese Spuren
von vergangenen Kulturen?
Und wen zeigen die Figuren?
Sind's Monumental-Mixturen
aus bedrohlichen Auguren
und frivolen Frohnaturen?
Oder nur Karikaturen
von gewissen stoisch-sturen
Nachkommen der Dioskuren?
Sieht man nur auf die Konturen,
so verblüffen die Frisuren.
Denn in diesen Posituren
sieht man erstens ihre Uhren –
Quatsch! Ich meinte: ihre Ohren!
Doch was haben die verloren
auf den Häuptern, schaumgeboren?
Wie die Henkel von Amphoren
rechts und links wie eingefroren.
Haben etwa Senatoren
auf Befehl von Diktatoren
und entmenschten Invasoren
diese Häupter kahl geschoren?

Ach, noch rätseln die Autoren,
und noch streiten Professoren,
wer wohl diese Häupter woren –
Pardon – es heißt natürlich: waren!
Also: wer war'n nun die wahren
Schöpfer dieser Kopf-Barbaren?
Waren es vielleicht Korsaren?
Haben die sich her verfahren?
Oder waren es Tataren,
die auf den Befehl des Zaren
einst allein oder in Scharen
hier auf diesen Inseln waren,
um im thermonuklearen
höchst geheimen Eilverfahren
zu errichten: Eins, zwei, drei
Tikifant und Ottomoai?

Ach, wozu noch spekulieren?
Reicht es doch, hier zu notieren:
Auf den fernen Osterinseln
Kann man schöne Poster pinseln …

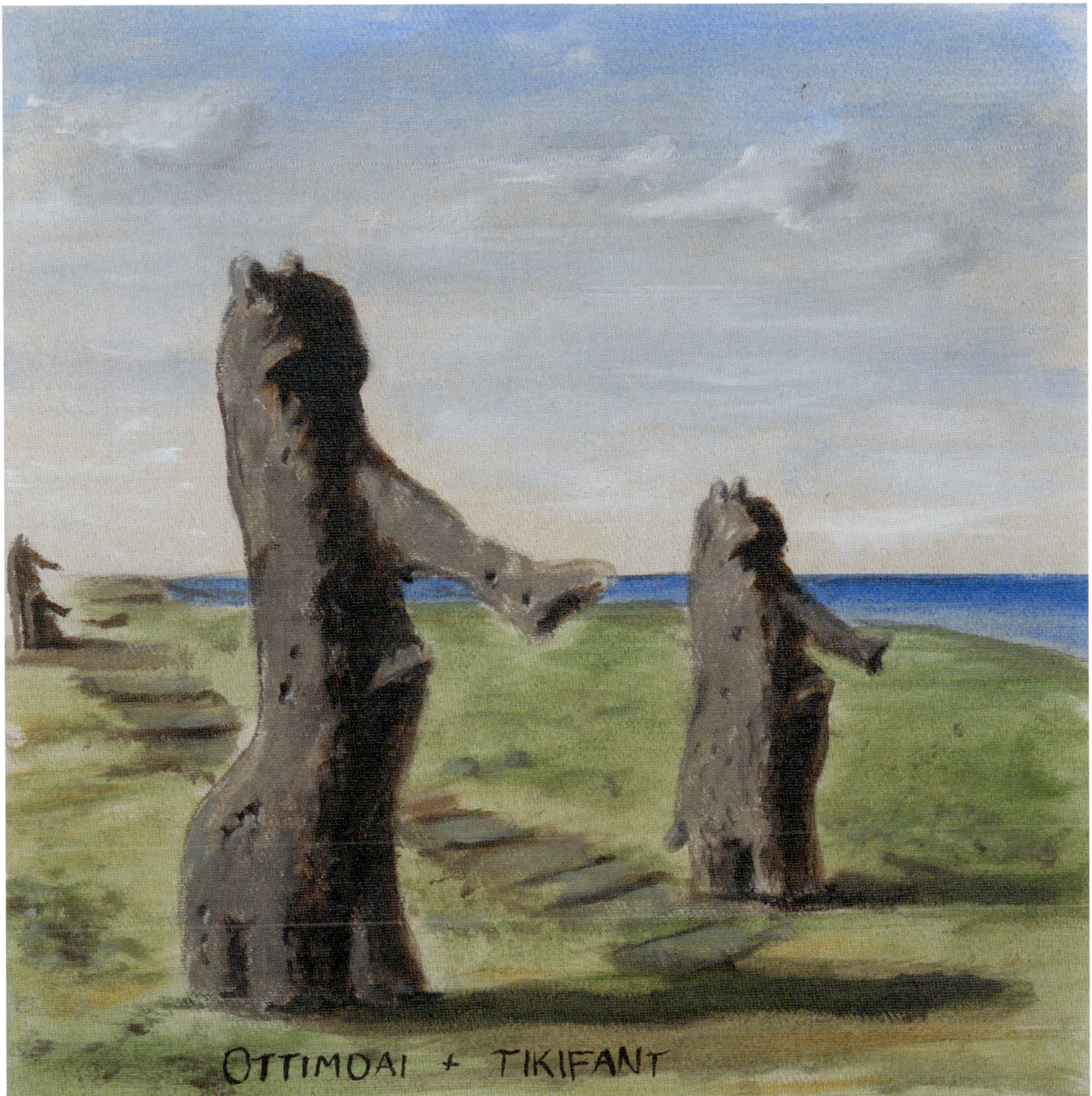
OTTIMOAI + TIKIFANT

Tuminix

Nach einem präkolumbianischen Zeremonialmessergriff, ca. 750 n. Chr.

Die Mythologie der Inkas ist noch komplizierter als die der Griechen und der Inder, sie haben fast so viele Götter wie die Anden Gipfel. Sogar eine Kartoffelgöttin gibt es, die *Axomama* genannt wird. Axomama ist die Tochter von *Pachamama*, der Mutter Erde. Von einem Pachapapa ist hingegen nie die Rede. Die Muttersprache der Inkas war kompliziert und wurde in einer Art Knotenschrift festgehalten, vermutlich der Knoten wegen, die man sich beim Aussprechen in die Zunge machte. Als das Symbol Perus gilt indes nicht der Knoten, sondern das Tumi, ein Messer, dessen Griff besonders kunstvoll verziert war.

Wozu das Messer benutzt wurde? Zum Kartoffelschälen sicher nicht, darüber sind sich die Gelehrten einig.

Der Name »Peru« bedeutet allerdings nicht Messer, sondern Wasser. Mittelpunkt der Welt war für die Inkas allerdings nicht die italienische Stadt Perugia, sondern der Titicaca-See. Der See liegt ziemlich hoch, ist aber nicht sehr tief. Auf seinem Grund fanden sich kistenweise kleine Figuren, die zumeist drei Tiere darstellten. Der Kondor, der Puma und die Schlange repräsentierten die Weltaufteilung der Peruaner, die das Pech hatten, von Francisco Pizarro entdeckt zu werden: die höhere Welt der Götter, die Welt der Lebenden und die Unterwelt der Toten.

Zur Welt der Lebenden zählt der Ottifant. Was er für einen Inka verkörperte, wissen wir nicht. »Für mich verkörpert der Ottifant vor allem die Rundlichkeit der Erde«, erklärt sein Schöpfer Otto Waalkes, »das heißt, wenn es irgendwo richtig rundgeht, darf der Ottifant nicht fehlen.«

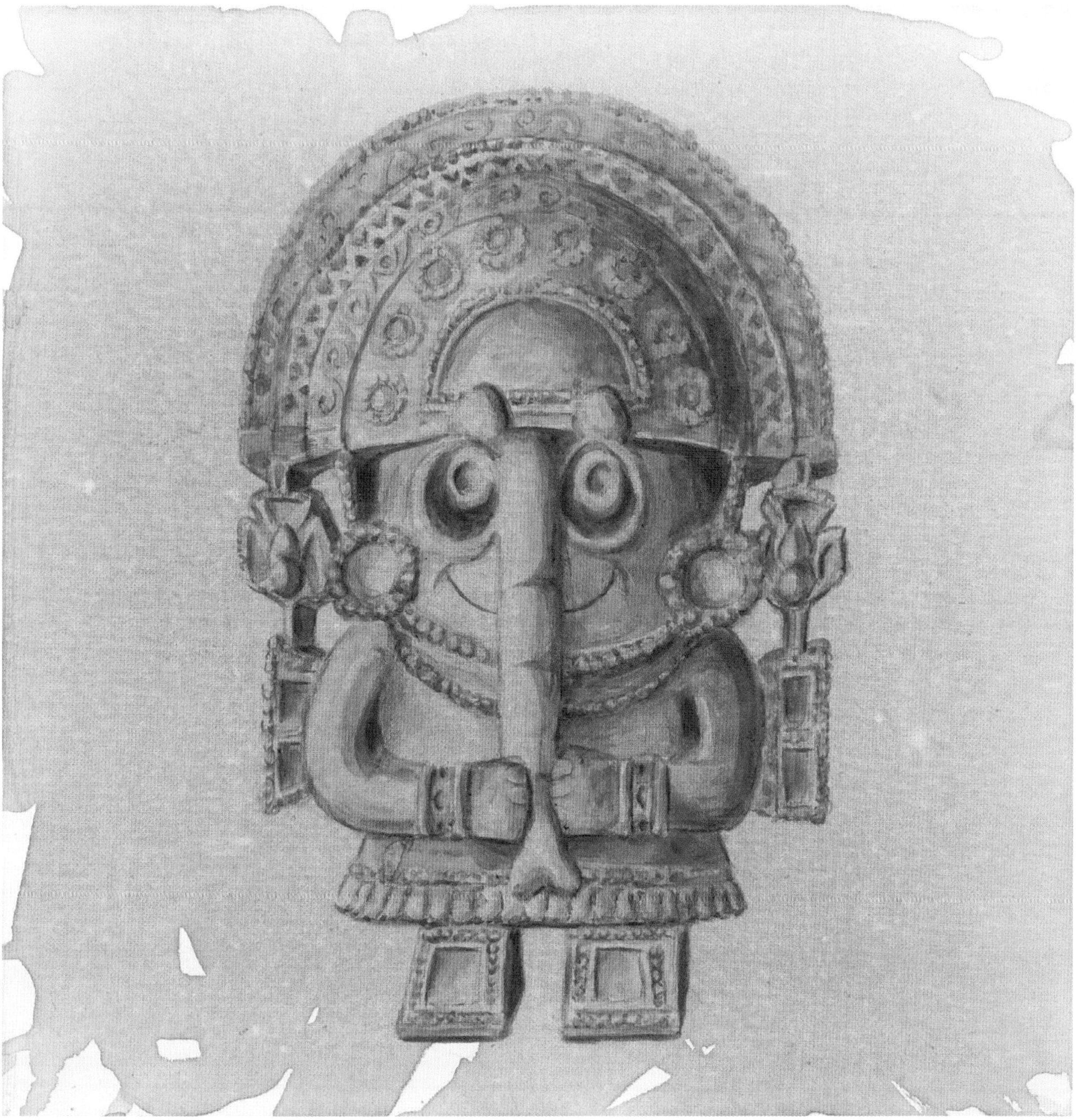

Ein Küsschen in Ehren
Nach einem romanischen Kirchenfenster,
ca. 1200 n. Chr.

Sehr alte Kirchenfenster sind meist nicht allzu groß. Die Erbauer sehr alter Kirchen hatten ihre Gründe dafür, hauptsächlich solche finanzieller Natur: Glas herzustellen, war damals kompliziert und entsprechend teuer. Außerdem ging es leicht kaputt, und Kirchen waren ohnehin ungeheizt. Je kleiner also der Ausschnitt in der Wand war, desto geringer der Wärmeverlust. Und für die Statiker sei hinzugefügt: Die Wände mussten das schwere Dach tragen – mit größeren Fenstern wäre das ganze Gebäude zusammengekracht. Wäre das zum Beispiel am 24. Dezember 1539 passiert, es hätte glatt den allerersten beglaubigten Weihnachtsbaum unter sich begraben. Eine schreckliche Vorstellung, wenn man bedenkt, was das Freiburger Münster gekostet hat.

Diese Art zu bauen und auf Panoramafenster zu verzichten, nannte man *romanisch* – nicht zu verwechseln mit *romantisch*, diese Gefühlsduselei kam erst viel später auf. Die Romanik dauerte immerhin ungefähr 300 Jahre, von 950 bis 1250, die Romantik war kurzlebiger.

Der Begriff Romanik geht auf das alte Rom zurück. Und Rom geht auf zwei Knaben zurück, die sich Romulus und Remus nannten und von einer Wölfin gesäugt wurden. Demnach hätte Rom sowohl Rom nach Romulus als auch Rem nach Remus heißen können. Oder Wolfratshausen nach der Wölfin. Dann gäbe es heute remanische Kirchen und Remantiker – halt! Romantik hat mit Rom wirklich nichts zu tun. Romantik kommt nämlich von »Roman«, weil sich die Romantiker ihr Leben wie einen Roman ausmalten, mit blauer Blume, langen Haaren und allem Hippipapo. Außerdem hat die Romantik kaum Kirchen hervorgebracht, sondern Gasthöfe, die sich heute als »Romantik Hotels« besonders denen empfehlen, die so verliebt sind wie die beiden Ottifanten auf Otto Waalkes' spätromanischem Kirchenfenster.

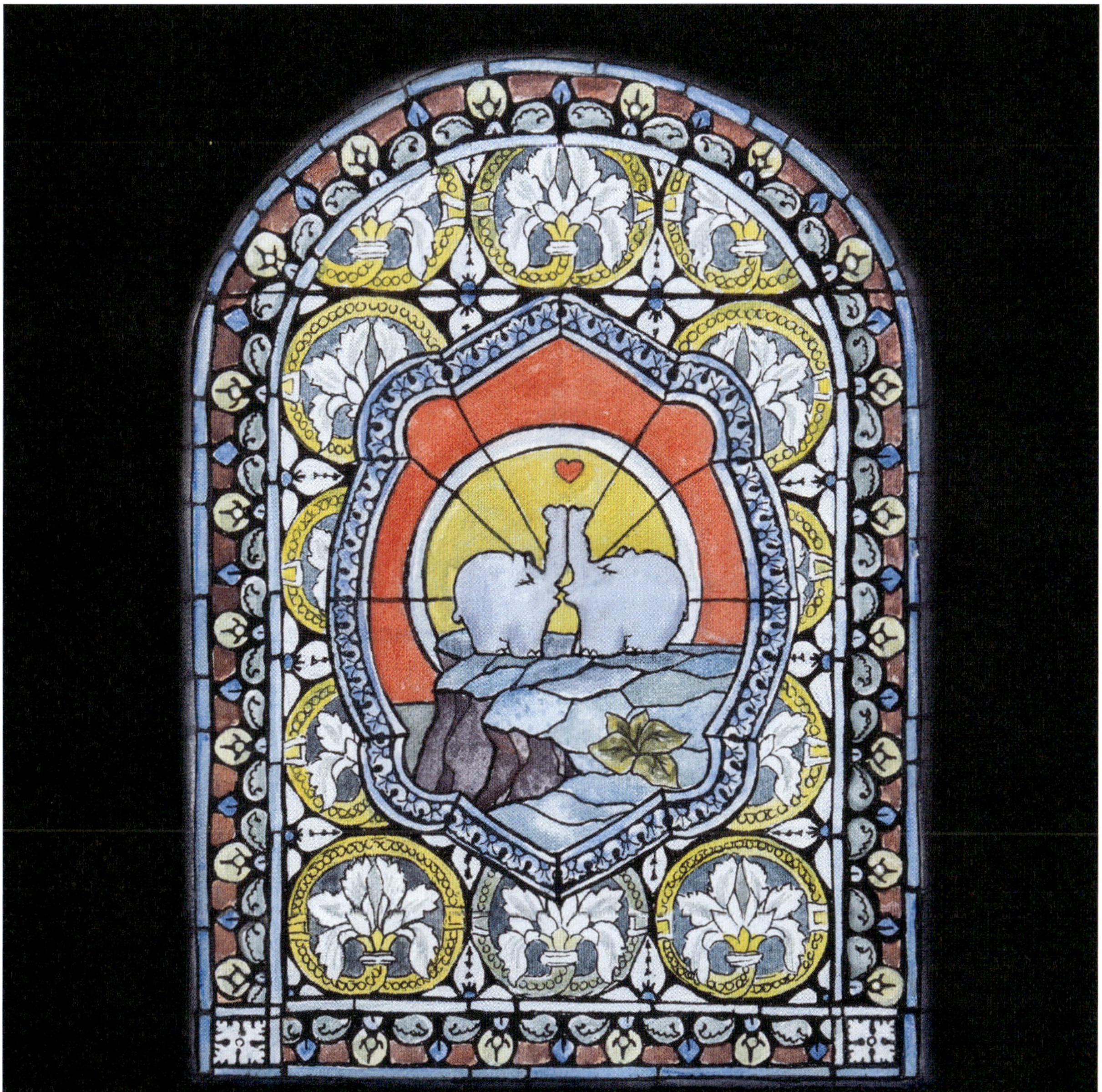

Breviarium Waalkensis
Nach einer mittelalterlichen Buchmalerei, 1300 n. Chr.

In den Klöstern des Mittelalters wurde viel gebetet und gesungen, aber es wurde auch gemalt und geschrieben – und wie? Wunderschön! Aber was!? Was lesen wir da?

Zehn kleine Ottifanten klettern über Zäune:
Die hab ich unter Strom gesetzt: Da waren's nur noch neune!
Neun kleine Ottifanten fuhren in den Schacht:
Ich hab den ganzen Berg gesprengt: Da waren's nur noch acht!

Das Lied geht natürlich noch weiter – bitte umblättern!

Acht kleine Ottifanten halfen mir beim Schieben:
Da fuhr ich kurz im Rückwärtsgang: Da waren's nur noch sieben!
Sieben kleinen Ottifanten schenkt' ich ein Gewächs,
das leider Ottifanten fraß: Da waren's nur noch sechs!
Sechs kleine Ottifanten trafen auf die Schlümpfe:
Da wurde einer schlymphoman: Da waren's nur noch fünfe!
Fünf kleine Ottifanten spielten gern Klavier.
Ich hab die Klappe zugeknallt: Da waren's nur noch vier!
Vier kleine Ottifanten nahm ich zum Jahrmarkt mit:
Einen schubst' ich von der Achterbahn, da waren sie zu dritt!
Drei kleinen Ottifanten kochte ich den Brei:
Den einen hab ich mitgekocht: Da waren's nur noch zwei!
Zwei kleine Ottifanten, die hatten wenig Glück:
Bei einem kam noch Pech dazu: Der andre blieb zurück!
Ein kleiner Ottifant, der war jetzt ganz alleene:
Wie gut, dass man jetzt klonen kann: Da waren's wieder zehne!

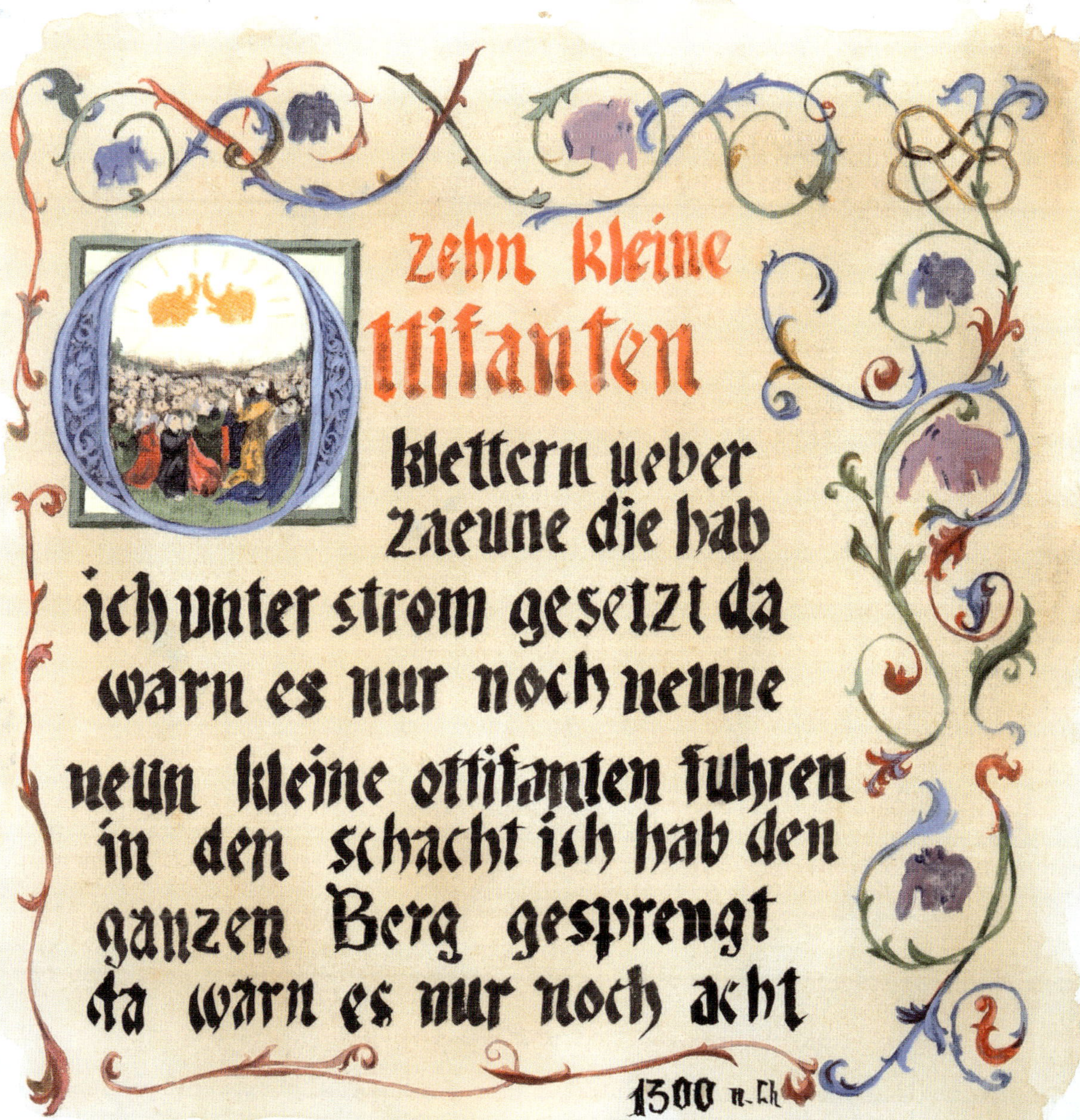
zehn kleine
Ottifanten
klettern ueber
zaeune die hab
ich unter strom gesetzt da
warn es nur noch neune
neun kleine ottifanten fuhren
in den schacht ich hab den
ganzen Berg gesprengt
da warn es nur noch acht
1300 n. Ch

Ein Ottifant im Porzellanladen
Nach einer chinesischen Mingvase, um 1400 n. Chr.

Der Drache hat in der germanischen Mythologie etwas Bedrohliches. Er verheert gern ganze Landstriche, verzehrt ersatzweise Jungfrauen oder bewacht Schätze, wie der Drache Smaug in Tolkiens Hobbit-Saga.

In China dagegen steht der Drache für Glück, Reichtum, Güte und Intelligenz, wie der Glücksdrache Fuchur in Michael Endes *Unendlicher Geschichte* oder der kleine Drache Mushu im Disney-Film *Mulan*, der zudem noch über Witz verfügt, da Otto Waalkes ihm seine Stimme geliehen hat. Außerdem schlängeln sich Drachen mit Vorliebe um blau-weiße Porzellanvasen aus der Ming-Dynastie.

Unter den Ming-Kaisern wurde auch die große Chinesische Mauer gebaut, die aus dem Weltall betrachtet die Form eines Drachen zeigt, allerdings eines sehr, sehr langen. Und daraus ergeben sich folgende Mathematikaufgaben:

Frage:
Die Mauer ist 10 000 Li lang, und das entspricht in China der Unendlichkeit. Wie viel ist das in Kilometern ausgedrückt?

Antwort:
21 196,18 km.

Frage:
Unter welcher Voraussetzung entspricht diese Kilometerzahl der Fahrradstrecke von Emden nach Greetsiel?

Antwort:
Das kommt hin, wenn man 500 Mal hin- und herfährt.

Frage:
Aber wer will schon nach Greetsiel? Und dann noch mit einer Ming-Vase im Gepäck?

Antwort:
Niemand, der noch alle Vasen im Schrank hat.

Eine gewisse Berühmtheit erlangte eine Ming-Vase, die im Haushalt einer Familie auf Long Island lange als Türstopper treu gedient hatte, bis sie bei Sotheby's für 1,3 Millionen Dollar unter den Hammer kam. Nichts gegen die teuerste Ming-Vase der Welt, die 21 Mio. einbrachte.

Ottifanten im Drachenkostüm sind so selten, dass eine Vase mit diesem Motiv unbezahlbar wäre – falls sich ihr Schöpfer und Besitzer je entschließen könnte, sie zu verkaufen. Otto Waalkes winkt ab: »Und wo soll ich dann bitte meine Zahnbürsten reinstellen?«

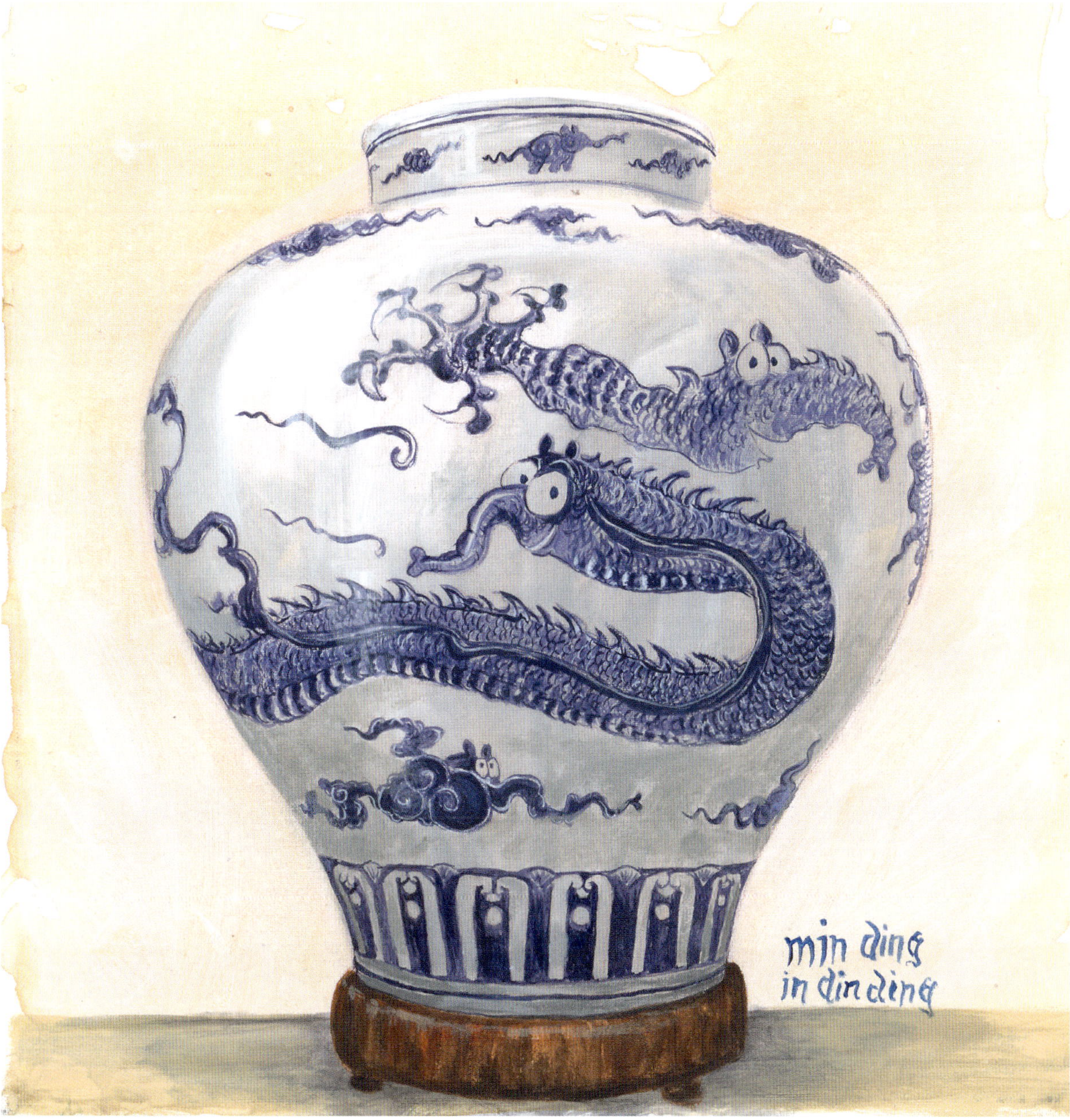
min ding
in dinding

»La nascita di Ottifantina«

Nach Sandro Botticelli, »Die Geburt der Venus«, 1485/86

Sandro Botticelli – bürgerlicher Name: Alessandro di Mariano Filipepi – malte im 15. Jahrhundert einige der schönsten Frauen seiner Zeit. Geheiratet hat er allerdings nie. Und wenn ihn jemand dazu drängte, entschuldigte er sich mit einem Albtraum: Darin habe er nämlich eine Ehefrau gehabt, »und so groß war der Schmerz, den ich darüber empfand, dass ich aufwachte«. Um nicht wieder einzuschlafen, sei er die ganze Nacht durch Florenz gelaufen. Damit war das Thema erledigt.

Loriot hat später alles Nötige dazu gesagt: »Männer und Frauen passen einfach nicht zusammen.« Loriot musste es ja wissen er war verheiratet und zwar 60 Jahre lang mit derselben Frau. Ja, Künstler können doch sehr widersprüchliche Menschen sein, das nennt man dann künstlerische Freiheit.

»Die Geburt der Venus« ist das wohl berühmteste Gemälde Botticellis, und das wiederum ist kein Wunder: die Göttin der Schönheit ist so anmutig und zart, dass sie nicht einmal einen Schatten wirft.

Der Titel des Gemäldes ist allerdings nicht ganz passend. Auch die göttliche Venus wurde nicht so langhaarig geboren, und was wir bei Botticelli sehen, ist vermutlich ihre Ankunft auf Zypern.

Homer hat den Landgang beschrieben, bei ihm trägt Venus natürlich ihren griechischen Namen: »Aphrodite, die schöne, die züchtige will ich besingen … die der meerumflossenen Kypros Zinnen beherrscht, wohin sie des Zephyros schwellender Windhauch sanft hintrug auf der Woge des vielaufrauschenden Meeres im weichflockigen Schaum …«

Was hätte der Dichter wohl gesungen, wäre statt seiner Aphrodite eine Ottifantendame gelandet? »Ottifantina, die graue, die mächtige muss ich besingen … sie, die ein steifer Westwind an die Gestade des zyprischen Eilands verwehte, und deren Gewicht fast zum Kentern brachte die gastliche Muschel …« Netter kann man es wohl nicht ausdrücken.

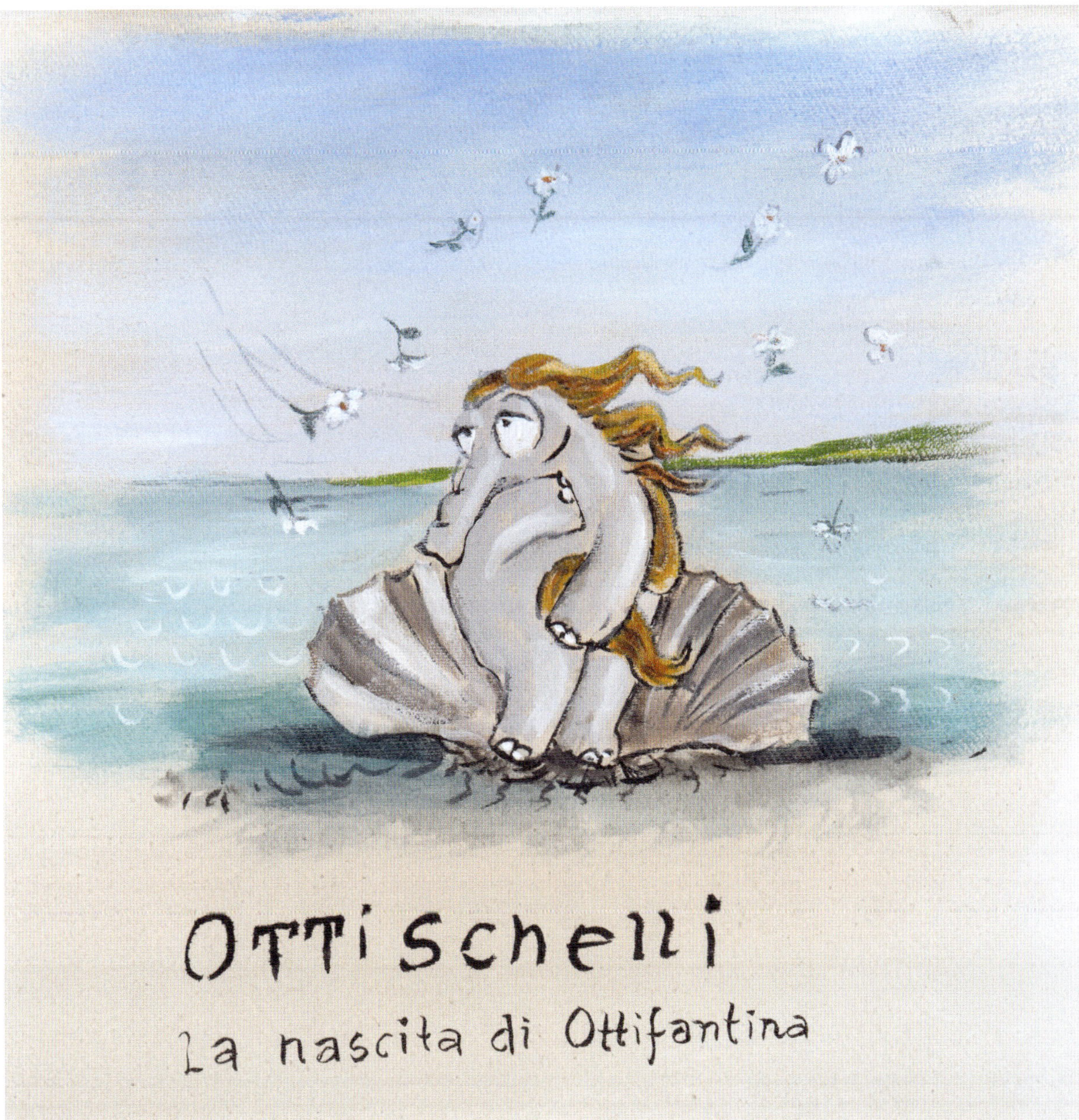
Ottischelli
La nascita di Ottifantina

Die Quadratur des Ottifanten

Nach Leonardo da Vinci, »Der Vitruvianische Mensch«, 1490

In Japan herrschte der Mikado.
Im Reich der Kunst herrscht Leonardo.
Die andern suchten, irrten, fehlten,
doch er war einer der Erwählten.

Was immer er in Angriff nahm,
es glückte ihm ganz wundersam.
Ob ein Porträt der Mona Lisa
oder der Schiefe Turm zu Pisa.

Pardon: den Turm nehm ich zurück.
Ansonsten hatte Leo Glück:
Hubschrauber, Fahrrad, Telefon –
Sein Genius erfand es schon.

Wir kennen heute sein Konzept:
Er hatte ein Geheimrezept.
Bedürfte es noch des Beweises:
Dies ist die Quadratur des Kreises.

Ganz gleich, ob Mensch, ob Ottifant,
ob Kreisfigur oder Quadrant,
ob weit gespreizt oder gestreckt,
ob nackig oder keusch bedeckt –

im Mittelpunkt liegt komfortabel
auf jeden Fall des Bauches Nabel.
Wer fehlt bei dieser Nabelschau?
Der Kiebitz und der Kabeljau.

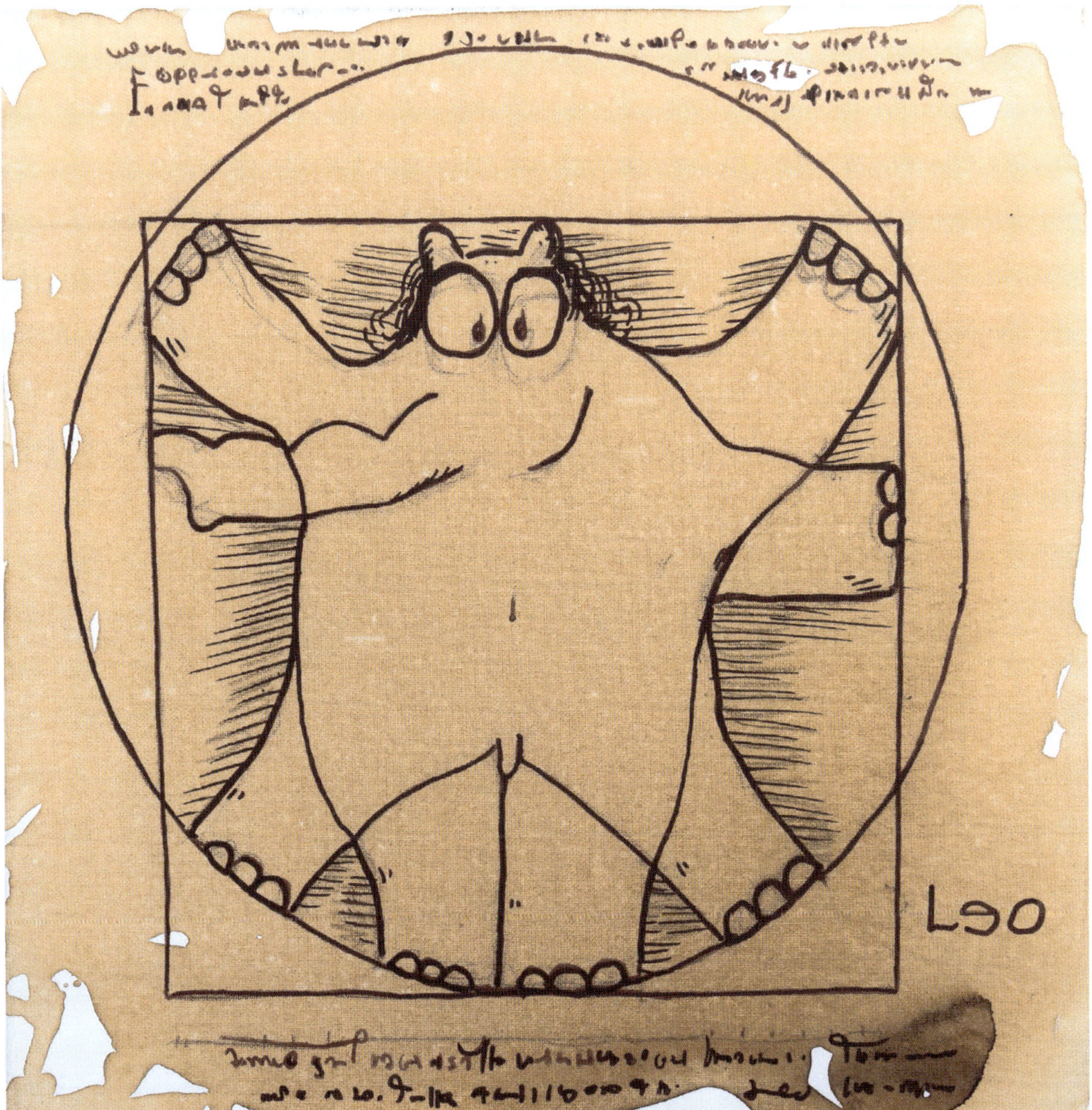

Langohriger Ottifant
Nach Albrecht Dürer, »Feldhase«, 1502

Dürer, Albrecht (1471 – 1528) Erfinder der Schutzmarke (> siehe auch: ***Markenschutz***), die in seinem Fall aus einem großen A und einem kleineren D bestand. Als Erster machte sich AD selbst zum Gegenstand seiner Bilder. Bereits die allererste Silberstiftzeichnung, die sich von seiner Hand erhalten hat, ist ein Selbstporträt. Damals war AD gerade dreizehn Jahre alt. Ein Dutzend weiterer Selbstbildnisse folgten, am Ende sogar eines mit entblößtem Oberkörper, das AD für seinen Arzt anfertigte. Sein Zeigefinger deutet auf die Stelle, die ihm wehtut: es ist die Milz. (> Die ***Milz*** ist ein schwammiges, weiches Organ, ungefähr so groß wie eine Faust, das im oberen Teil der Bauchhöhle sitzt. Die M. gilt als das ***Bielefeld*** unter den Organen – im Grunde also als überflüssig.)

AD war auch der Erste, der einen Hasen porträtierte. (> Der ***Feldhase*** ist ein Säugetier aus der Familie der Hasen. Der H. gilt seit Jahrhunderten als ***Fruchtbarkeitssymbol***. Im Märchen verkörpert er Tempo und vergebliche Anstrengung. > Vgl. das Märchen vom Hasen und vom Igel) Bei AD symbolisiert der Hase vor allem einen Hasen. (> siehe dazu Joseph Beuys: Wie man dem toten Hasen die Bilder erklärt.)

Das Aquarell (> ***Aquarell*** ein mit nicht-deckenden Wasserfarben angefertigtes Bild) ist ebenso sorgfältig ausgeführt wie die Porträts, die Dürer im Auftrag prominenter Zeitgenossen bis hin zu Kaiser Maximilian anfertigte (> ***Maximilian I.*** aus dem Hause Habsburg war von 1508 bis zu seinem Tod, 1519, römisch-deutscher Kaiser.) Die Entlohnung war fürstlich. Dass AD von diesem Feldhasen ein Honorar bekommen hat, ist unwahrscheinlich.

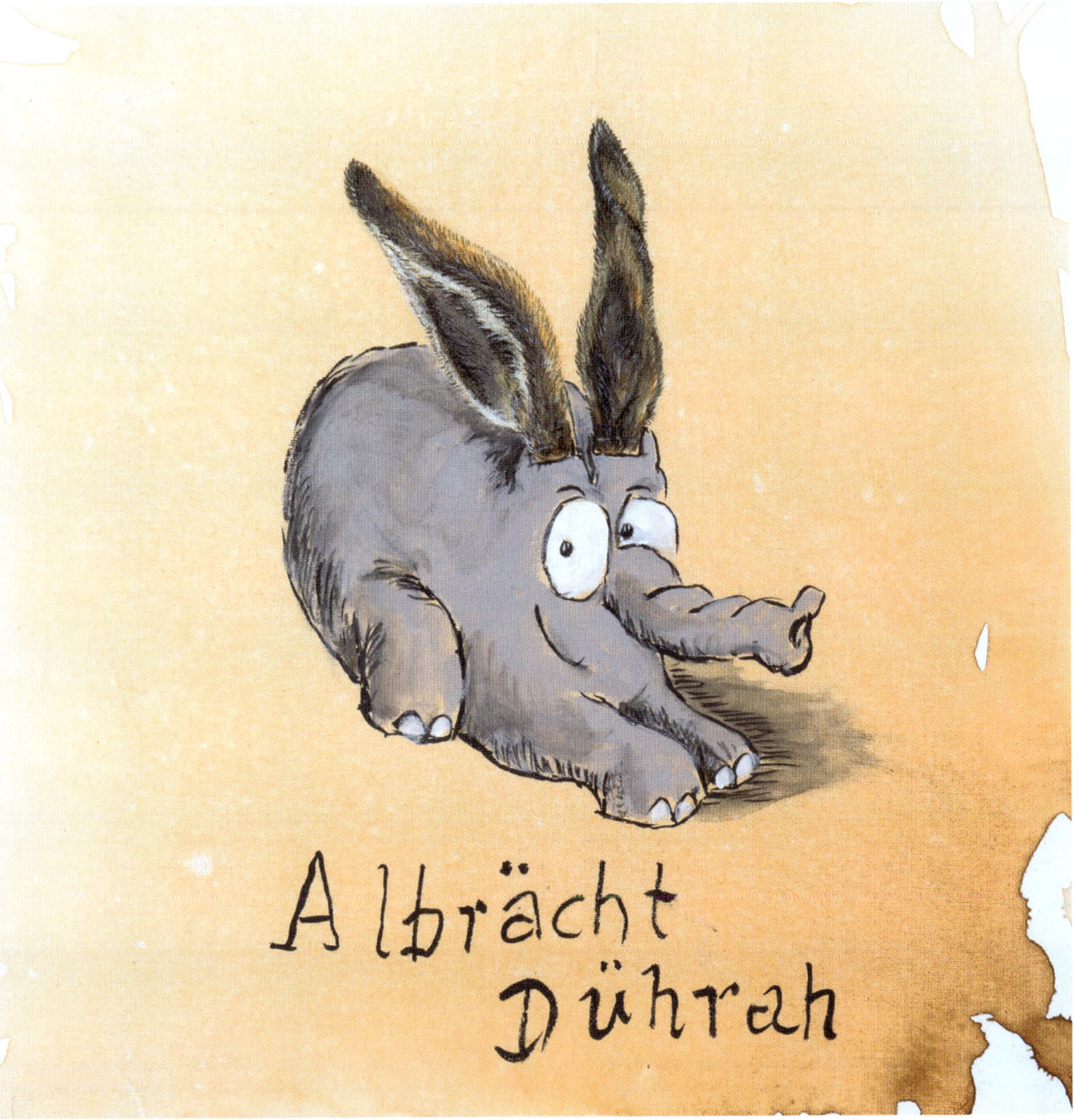
Albrächt
Dührah

»Creazione di Otttifanto«
Nach Michelangelo, »Die Erschaffung Adams«, um 1511/12

MALERHÄNDE – eine dramatische Momentaufnahme

Ort der Handlung: Die Sixtinische Kapelle
Zeit der Handlung: Die Hoch-Renaissance

1. AKT

Vor der Sixtinischen Kapelle sitzt der PAPST und dreht Däumchen. Ein MÖNCHLEIN kommt aus der Kapelle gerannt.

MÖNCHLEIN: Herr Papst, Herr Papst!
Da sitzt schon wieder einer in der Kapelle und beschmiert Decken und Wände.

PAPST: Jetzt langt's aber!

Der Papst hat das Däumchendrehen eingestellt und erhebt sich. Beide rennen los und verschwinden in der Kapelle

2. AKT

In der Sixtinischen Kapelle bemalt einer Decken und Wände. Der Papst kommt mit dem Mönchlein hereingerannt.

PAPST: Du Lauser. Hab ich dich wieder erwischt!
Wie oft soll ich dir noch sagen, dass du nicht ständig diese mosaische Schöpfungs-Fantasy al fresco an meine Decke malen sollst! Das tropft doch!

Der Maler lässt den Pinsel fallen, springt vom Gerüst und flieht

MÖNCHLEIN: Den Boden hat er voll versaut!

PAPST: Der bringt mich noch mal ins Grab, dieser Michelangelo!

VORHANG

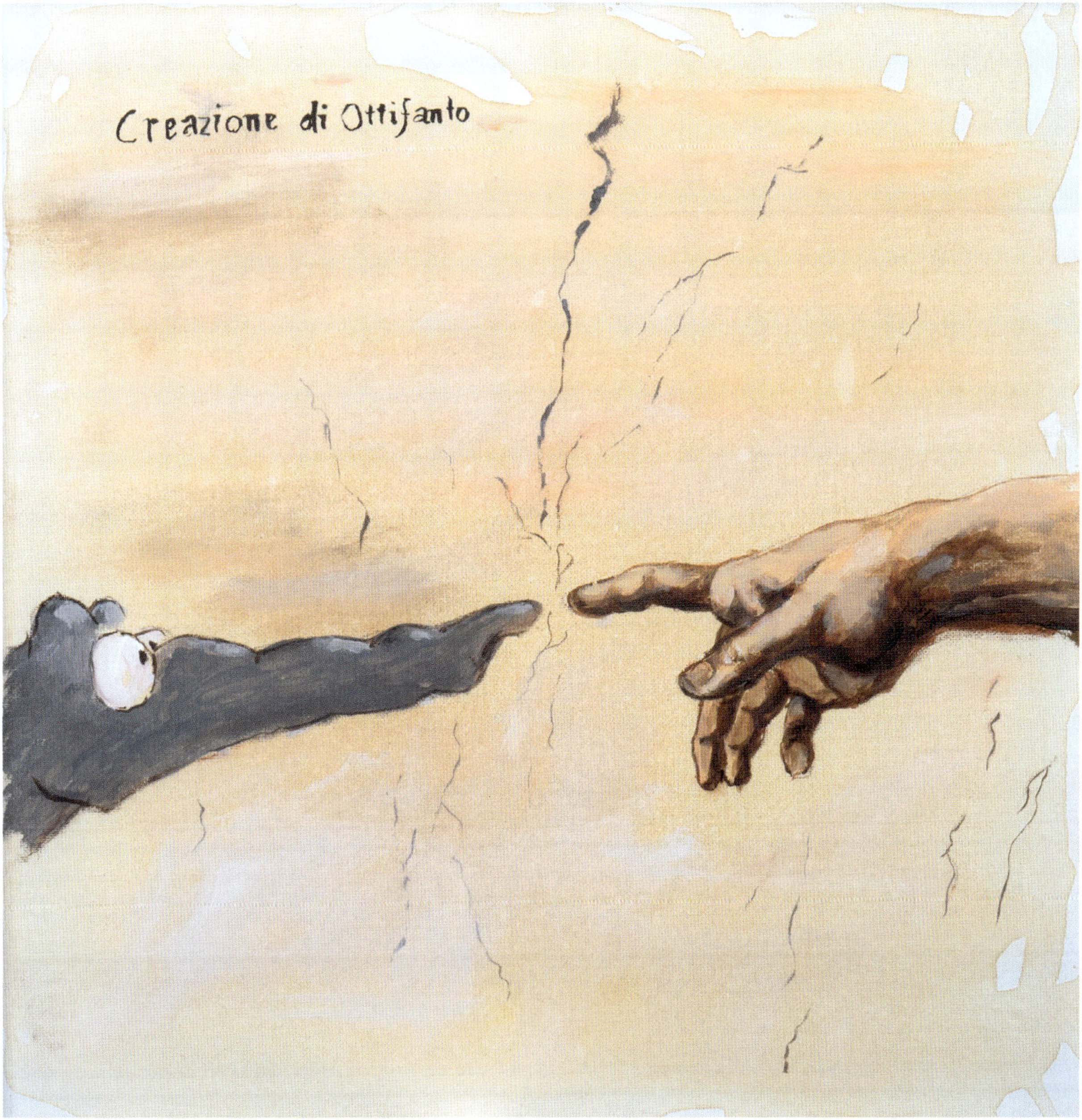
Creazione di Ottifanto

»All You Need Is Love«

Nach Raffael, »Die Sixtinische Madonna«, 1512/13

Sah jemals man zu Füßen großer Damen
zwei engelsgleiche Wesen solcher Art?
Die beiden fallen beinah aus dem Rahmen
und sind so überirdisch reizend und apart.

Der Meister Raffael hat sie bestimmt
dorthin gesetzt als kleinen Kontrapunkt
zum hehren Wesen der Madonna mit dem Kind,
die in den üblichen Gewändern prächtig prunkt.

Wie schaffen es nun diese beiden Rangen,
die Blicke des Betrachters so zu lenken,
dass man von ihrer Anmut ganz befangen
sich alsbald fragt: Woran sie gerade denken?

Auf dieser Darstellung wird es enthüllt:
Sie kümmert weder Mutter noch das Kind.
Sie sehen ihren Herzenswunsch erfüllt,
weil sie in Wahrheit Ottifanten sind.

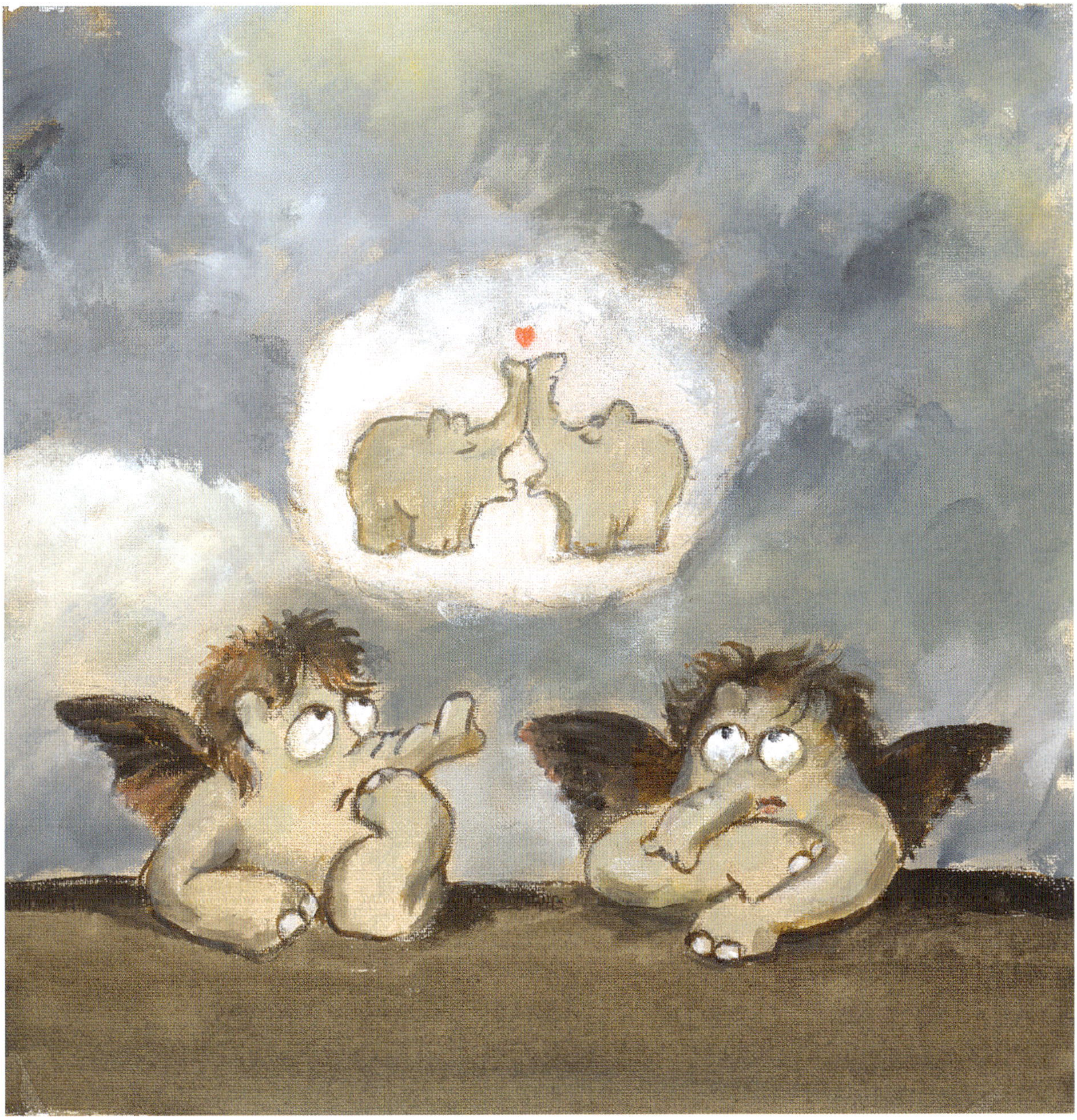

Bacchus Little Helper

Nach Caravaggio, »Kleiner kranker Bacchus«, 1593

Unter Künstlern findet sich eine ganze Reihe, deren Charaktereigenschaften fragwürdig erscheinen – zumindest nach gutbürgerlichen Maßstäben. Es gab sogar Zeiten, da wurde vom Künstler geradezu erwartet, dass sein Benehmen von der Norm deutlich abwich. Liederlichkeit und Spiel- und Verschwendungssucht finden wir bei Rembrandt wie bei El Greco und Guido Reni. Drogen- und Alkoholexzesse – dafür stehen Namen von Frans Hals bis Francis Bacon, und in dieser Kunstgeschichte werden wir noch weitere kennenlernen: Munch, Toulouse-Lautrec, van Gogh, Picasso und Jackson Pollock.

Ein ganz besonders böser Bube muss Michelangelo Merisi da Caravaggio gewesen sein. Schon seinem Lehrer pfuschte er ins Handwerk, indem er eins von dessen Werken mit einem nackten Riesen verunstaltete, der dem Betrachter die Zunge herausstreckt. Harmlos, im Vergleich zum Rest seines kurzen Lebens, das sich wie ein Vorstrafenregister lesen lässt: nächtliche Ruhestörung, Erregung öffentlichen Ärgernisses, Ehrverletzung durch Verfassen und Vortrag beleidigender Verse, unerlaubter Waffenbesitz, Widerstand gegen die Staatsgewalt, Körperverletzung und nicht zuletzt Mord. Seitdem war Caravaggio auf der Flucht, die ihn schließlich nach Sizilien führte. Dort geriet er in eine Schlägerei, in der er selbst schwer verletzt wurde. Ein Jahr später war der Maler tot.

Das Erstaunliche an Caravaggios krimineller Karriere ist sein ungebrochener Schaffensdrang: über hundert Gemälde hat er hinterlassen, alle ganz großes Kino, denn er beleuchtete seine Szenen gern in einer Manier, wie wir sie aus alten Filmen kennen; *Schwarze Serie* hieß das in Hollywood, *Chiaroscuro* nennen es die Kunsthistoriker.

Unter anderem malte Caravaggio diesen ansehnlichen Knaben, der mit seinem Lieblingsspielzeug schmust. Und wer so gut malt, kann der ein ganz schlechter Mensch gewesen sein?

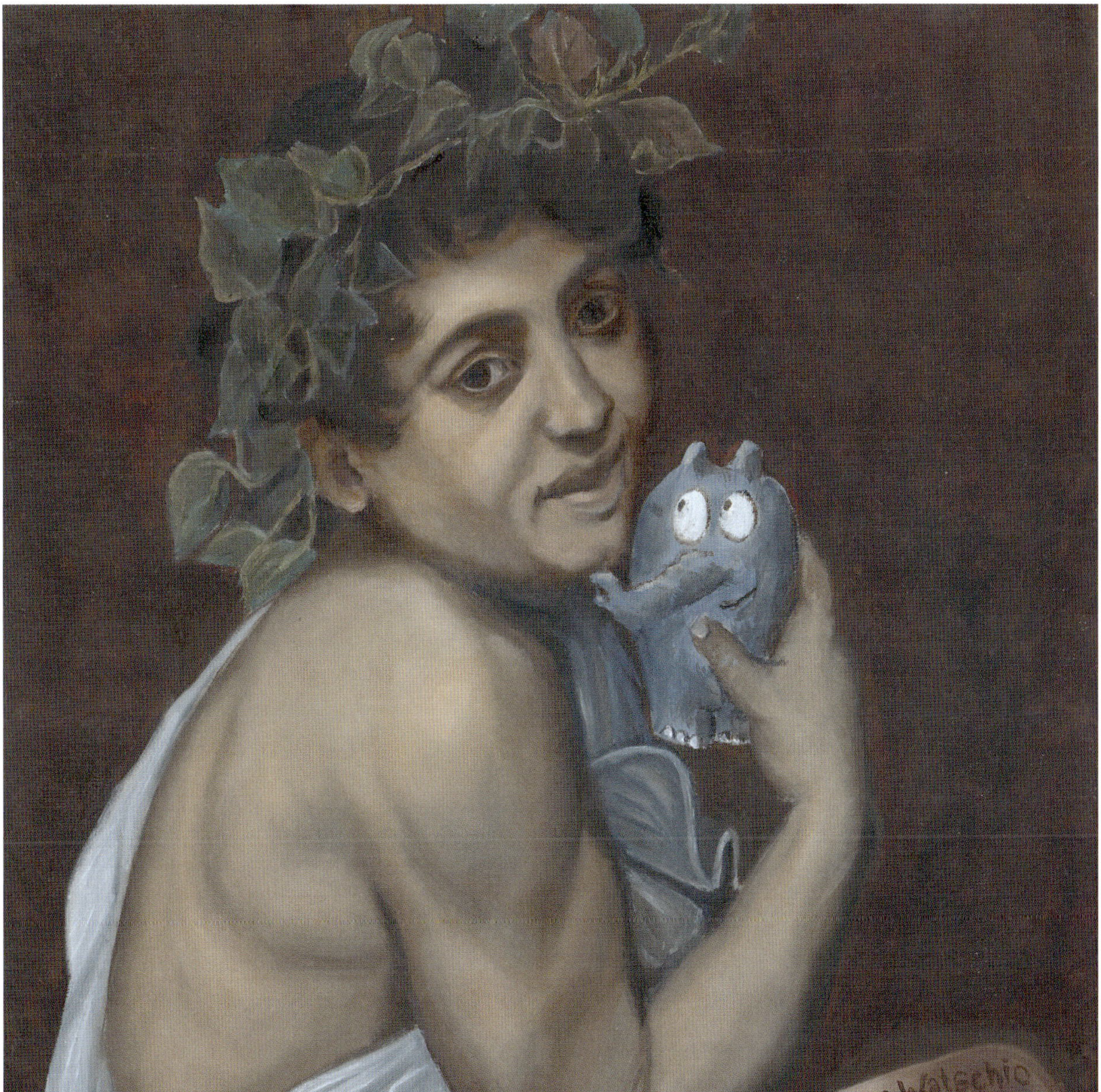
Kara Walschio

Das lange Elend

Nach El Greco, »Der Evangelist Lukas«, um 1603/05

Der Maler, der in der Kunstgeschichte als El Greco unterwegs ist, hieß eigentlich Domínikos Theotokópoulos. Und genauso lang wie sein Taufname sind auch die Figuren auf seinen Gemälden.

Damit verdiente sich El Greco einen Eintrag im Lexikon der klassischen Irrtümer: Längere Zeit wurde ihm dieser Manier wegen nämlich ein Sehfehler unterstellt, der unter Optikern als »Astigmatismus« bekannt ist: das Bild auf der Netzhaut wird dabei in die Länge gezogen. Der Denkfehler ist offensichtlich: Hätte nämlich El Greco seine Sujets schon so wahrgenommen, wären sie ihm auf seinen Gemälden ja noch länger geraten, und er hätte diese bizarre Verzerrung gewiss korrigiert.

Einfacher ausgedrückt: El Greco *wollte* so malen! Das beweist diese Vorstudie von Otto Waalkes, genannt El Frieso. Dargestellt ist der heilige Lukas mit El Grecos Malbuch, aus dem klar hervorgeht, dass der Maler es bei diesem Lehrer einfach nicht besser gelernt hatte.

Zu seiner Zeit war dies lange Elend nicht übermäßig beliebt, erst spätere Kunstgeschichtler sahen El Greco als Wegbereiter der Moderne, der expressionistische Bildauffassungen vorweggenommen habe.

Und nichts lieben Kunsthistoriker mehr als solche Vorwegnahmen, die in der Entwicklung der bildenden Kunst einen steten Fortschritt vortäuschen. Und dieser Fortschrittsglaube ist einer der klassischen Irrtümer der Kunstgeschichte.

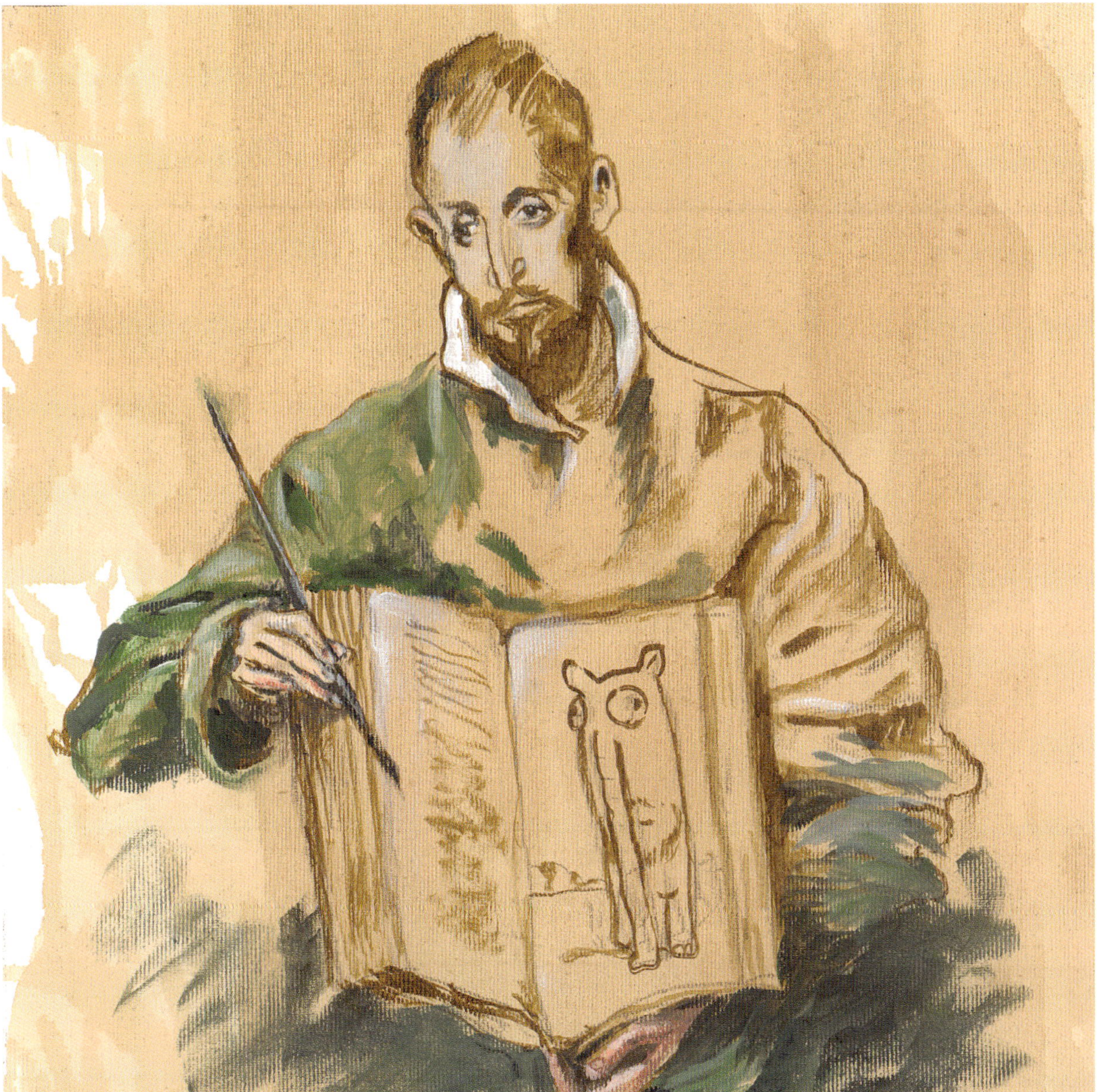

Raue Sitten

Nach Peter Paul Rubens, »Der Raub der Töchter des Leukypos«, 1618 (auf die Melodie des Beatlessongs »Dear Prudence« zu singen)

Mensch, Rubens,
findest du das okay?

Mensch, Rubens,
ist das wahr, was ich seh?
Zwei Mann zu Pferd,
sie packen zu.
Ist es das wert? Was meinst denn du?
Mensch, Rubens!
Das ist doch nicht okay!

Mensch, Rubens,
der Fall ist brandheiß!

Mensch, Rubens,
hier ist doch der Beweis:
Das ist fatal.
Bist du denn taub?
So ein Skandal, das ist doch Raub!

Mensch, Rubens,
warum malst du denn so'n Scheiß?

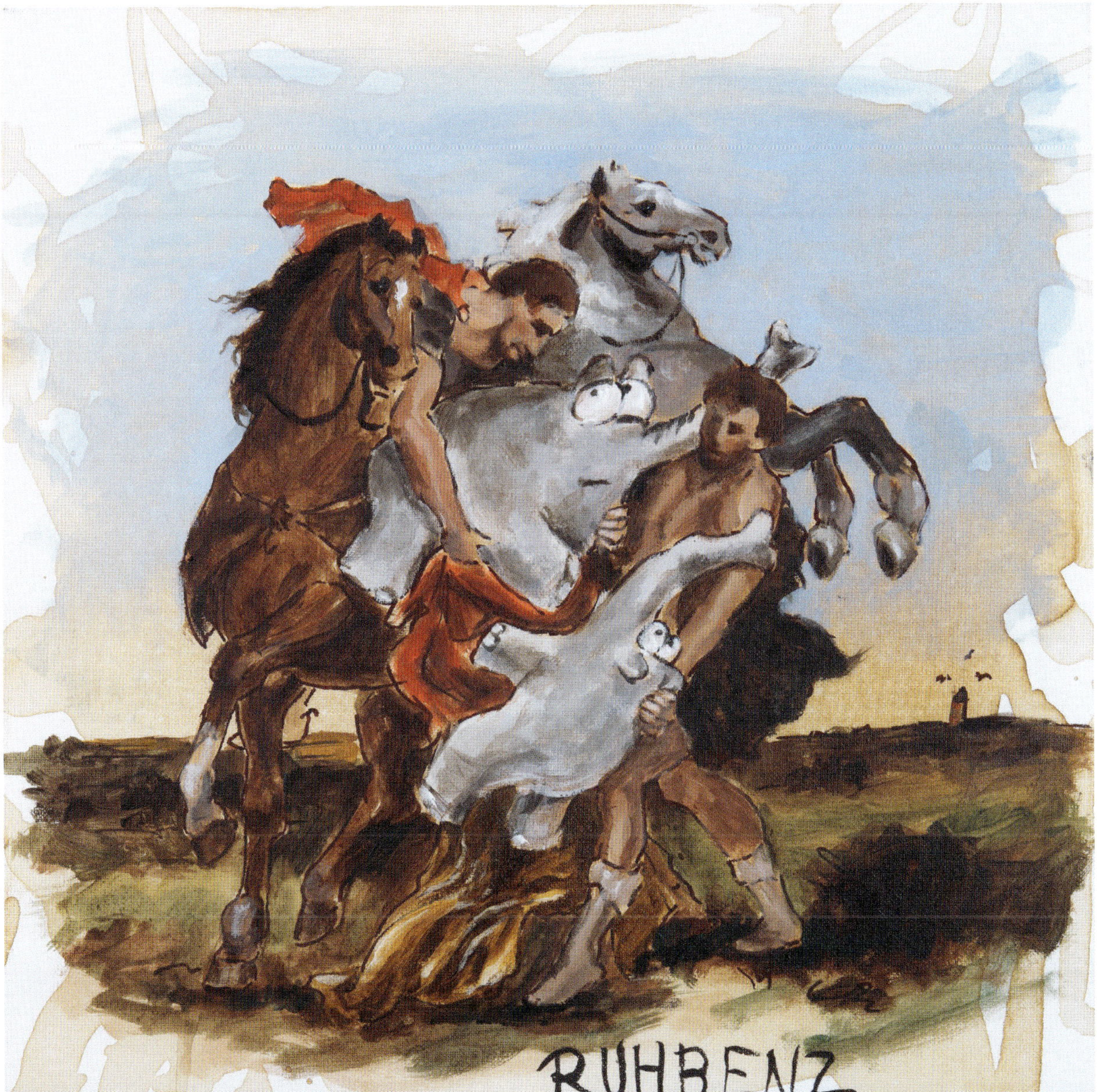
RUHBENZ

Helmpflicht für Ottifanten

Nach Rembrandt (oder nicht Rembrandt), »Der Mann mit dem Goldhelm«, um 1650/55

Früher war nicht nur mehr Lametta, es gab auch mehr Rembrandts. Wie viele genau es sind, die der Meister mit eigener Hand gemalt hat, wird seit 200 Jahren untersucht. Am meisten waren es vor 100 Jahren, da wurden Rembrandt 714 Gemälde zugetraut. 1905 und 1935 waren es jeweils um die 600. In der Größenordnung war die Zählerei 1835 auch losgegangen. 1969 waren dann bloß noch 420 übrig, heute ist der Tiefstand erreicht: Nur 240 Gemälde gelten zweifelsfrei als Rembrandts.

Viele ehemalige Rembrandt-Besitzer sind also inzwischen total verarmt und sitzen verbittert vor ihren leeren Rahmen. Das prominenteste Beispiel für die Abschreiberei ist *Der Mann mit dem Goldhelm*, für das Rembrandts Bruder verkleidet als Kriegsgott Mars Modell gesessen haben soll und das vielleicht von einem Schüler Rembrandts gemalt wurde. Vielleicht aber auch nicht. Lange galt gerade dies Gemälde als ein besonders makelloses Meisterwerk. Generationen haben staunend davorgestanden und die brillante Ausführung des Helms mit seinen goldigen Reflexionen oder den wild wuchernden Bart des Trägers bewundert. Nun sollen sie sich plötzlich was schämen? Ja, was denn? Das Gemälde ist das alte geblieben, eine neue Zuschreibung ändert daran gar nichts. Der Unterschied liegt nicht im Wert, sondern im Preis, und um den geht es nicht erst seit heute. Camille Corot sah einst eine Studie von sich und fand sie »ganz hübsch, aber so ist sie nicht 10 Francs wert«. Dann malte er seinen Namen in die Ecke: »So bringt sie 500.« Kein Wunder, dass sich Otto Waalkes bemüht hat, als neuer Schöpfer in Erscheinung zu treten. Selbst wenn sein Markenzeichen hier etwas deplatziert wirkt, weil das Kriegerische eher ins Kriecherische changiert – die Urheberschaft dürfte klar sein.

Wer sonst sollte diesen Rembrandt gemalt haben? Aschenputtel?

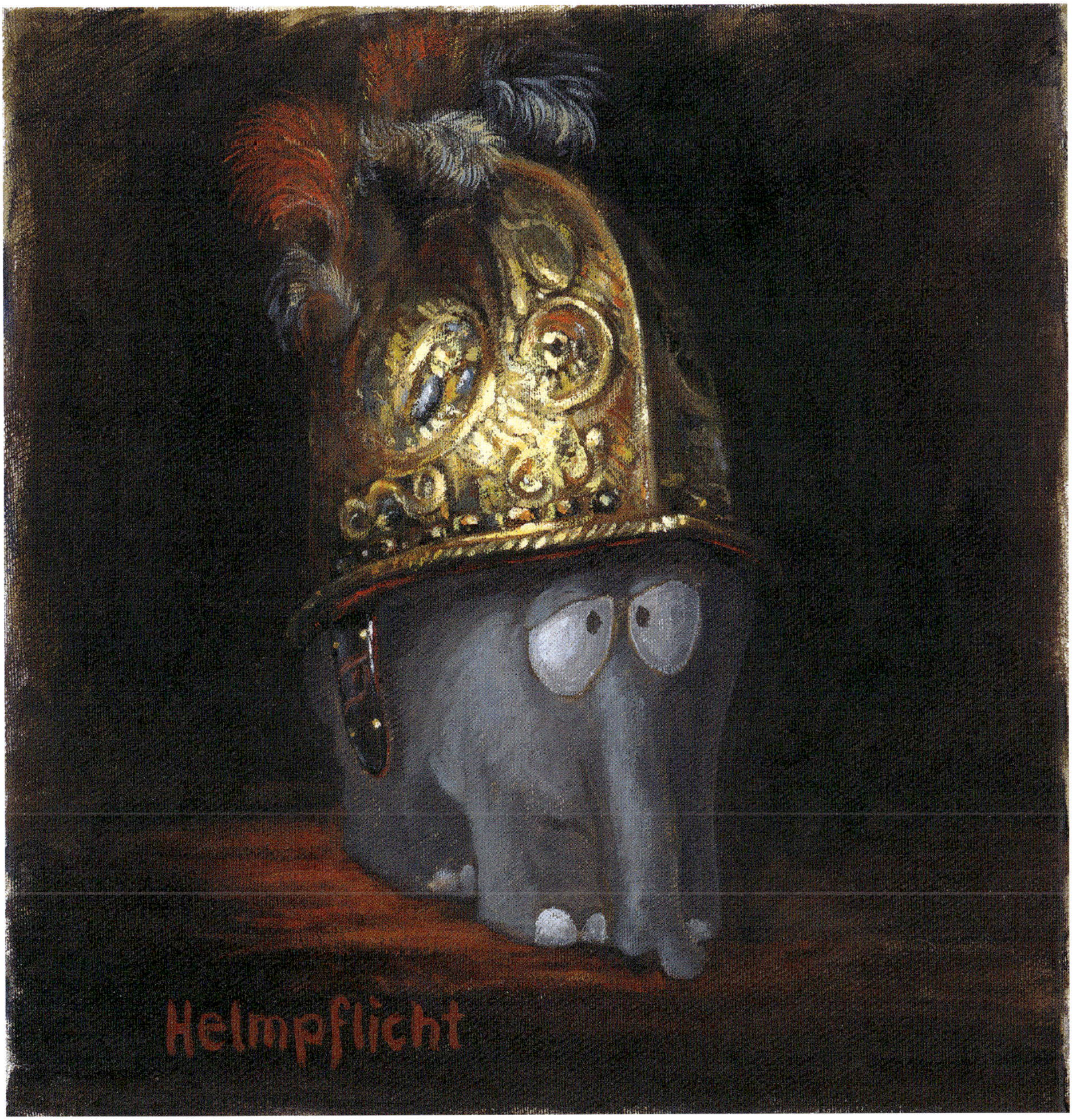
Helmpflicht

Die Ottinfantin

Nach Diego Velázquez,
»Die Infantin Margarita Teresa im weißen Kleid«,
1656

Diego Velázquez war als Porträtist gefürchtet. Als er Papst Innozenz X. sein Abbild vor Augen führte, soll der einen Mordsschreck bekommen und sodann ausgerufen haben: »Das ist zu wahr!« Mit anderen Worten: »Das darf doch nicht wahr sein!« Tatsächlich verrät der eiskalte Blick, mit dem der Papst uns mustert, wenig christliche Nächstenliebe.

Velázquez selbst verewigte sich auf einem der berühmtesten Bilder aller Zeiten: »Las Meninas«. »Die Hoffräulein« erfreuten auch den Auftraggeber Philipp IV. von Spanien. Allerdings monierte der, das Bild sei noch nicht vollendet, nahm seinem Hofmaler den Pinsel aus der Hand und malte ein rotes Kreuz auf das Gewand des Malers: das Großkreuz des Ordens von Santiago, das er ihm kurz darauf verleihen wollte.

König Philipp hatte dreizehn Kinder aus zwei Ehen, acht davon waren Töchter. Margarita hieß die jüngste, und sie war auch die hübscheste. Velázquez hat sie schon als Dreijährige porträtiert, als Fünf-, Acht- und Fünfzehnjährige wieder, und von Mal zu Mal sieht Margarita trauriger aus. Vielleicht lag es daran, dass sie als Fünfzehnjährige ihren Onkel heiraten musste. Onkel Leopold war dreißig Jahre älter als sie und fast fünfzig Jahre lang römischer Kaiser deutscher Nation.

Die arme Margarita wurde nur 21 Jahre alt. Eine glückliche Kindheit wäre ihr zu gönnen gewesen, und gewiss hätte der Ottifant dazu beitragen können. Der gleichnamige Cocktail, der aus Tequila, Triple Sec und Limettensaft gemixt wird, ist übrigens nach einem Revuegirl namens Marjorie benannt worden und nicht nach der Infantin Margarita.

Unsterblich machte sie erst Diego Velázquez, der sie in seinem Meisterwerk »Las Meninas« zum strahlenden Mittelpunkt bestimmt hat.

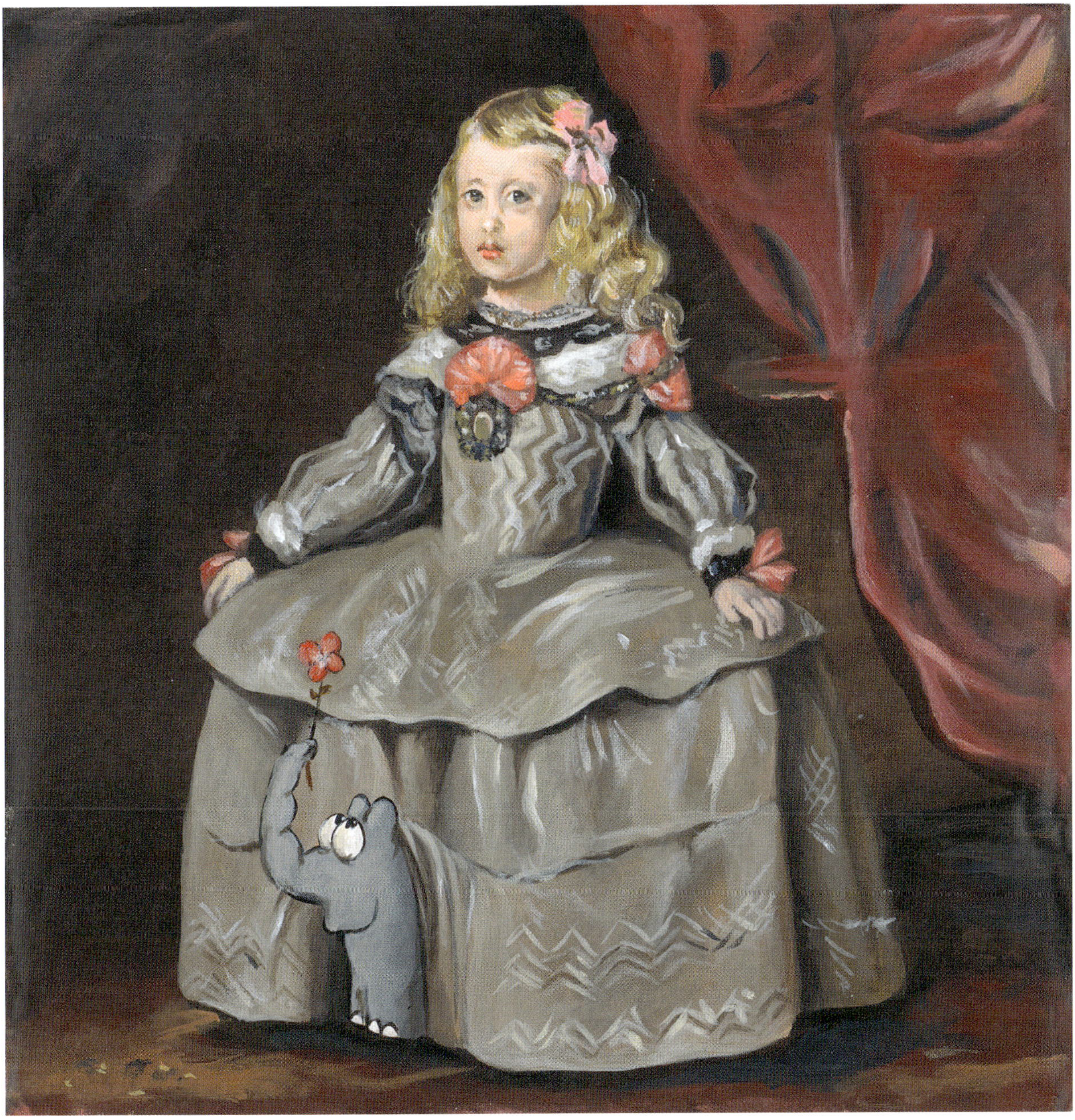

Das Mädchen mit dem Ottifantenohrring

Nach Jan Vermeer van Delft,
»Das Mädchen mit dem Perlenohrgehänge«,
1665

Einen Vermeer zu fälschen ist nicht einfach. Zu delikat und formvollendet sind die Gemälde des niederländischen Meisters. Sein Landsmann Han van Meegeren traute es sich zu und sorgte so für eine der schönsten Verwirrungen der Kunstgeschichte. Unter anderem hatte van Meegeren nämlich ein »Frühwerk« fabriziert: »Christus und die Ehebrecherin«. Und das gefiel dem deutschen Reichsmarschall Hermann Göring so gut, dass er 1,65 Millionen Gulden in bar dafür bezahlte; eine unerhörte Summe für ein eher blasses Bild.

Die Fälschung flog auf, als van Meegeren nach Kriegsende als Kollaborateur vor Gericht gestellt wurde. Um zu beweisen, dass er mit den Nazis keine Geschäfte gemacht, sondern sie im Gegenteil genarrt hatte, musste der Fälscher in seiner Zelle einen weiteren Vermeer produzieren. Dann erst war das Gericht überzeugt davon, dass auch Görings Vermeer falsch war, und Han van Meegeren wurde vom Verräter zum Volkshelden. Als der geprellte Göring, der inzwischen selbst in Haft saß und auf seinen Nürnberger Prozess wartete, von dem Betrug erfuhr, soll er empört gewesen sein und sich bitter beklagt haben über »so viel Schlechtigkeit in der Welt«. Schaut man sich van Meegerens Vermeers genauer an, kann man sich indes nur wundern über so wenig Kunstverstand derer, Laien wie Experten, die sie für echt hielten.

Ein echter Vermeer sieht anders aus. Seit der Erfindung der Ölmalerei durch Jan van Eyck hat kein anderer ihre Möglichkeiten so ausgereizt. Kein anderer Maler hat das Licht, das meist von links durch die alten Butzenscheiben rieselt, besser eingefroren als Vermeer. Wie Regentropfen hängt es an den Gegenständen und lässt die Figuren flirren, als habe der Maler sie nicht recht fokussiert. Feine Lichtpunkte markieren die unscharfen Konturen und lassen vieles, was er gemalt hat, von innen leuchten wie jenen Ohrring auf einem seiner schönsten Gemälde.

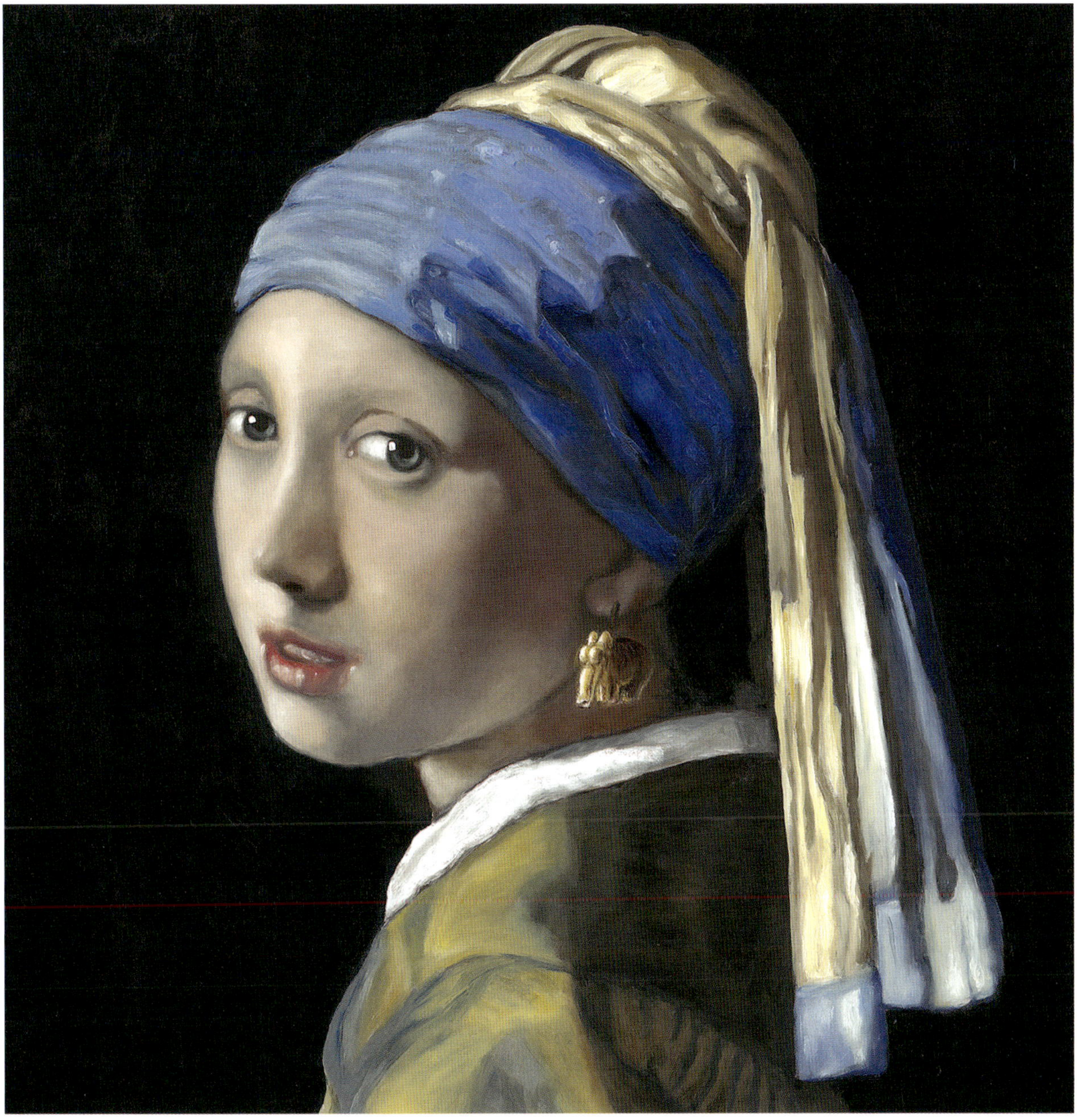

Pierrotto

Nach Jean-Antoine Watteau, »Pierrot«, 1718/19

Malerei auf Höchstniveau:
Jean-Antoine Watteaus »Pierrot«.
Sein Bild scheint auf den ersten Blick
vorwiegend heiter und voll Glück.

Doch schauen wir genauer hin,
dann wirkt der kleine Harlekin
in seinem weiten, weißen Hemd
auf Erden doch ein wenig fremd.

Liegt es am Zustand dieser Welt,
dass er so dasteht, wie bestellt
und noch nicht abgeholt beizeiten?

Oder misslang ihm grad ein Scherz
und in die Hose sank sein Herz?
Egal. Bloß keine Einzelheiten!

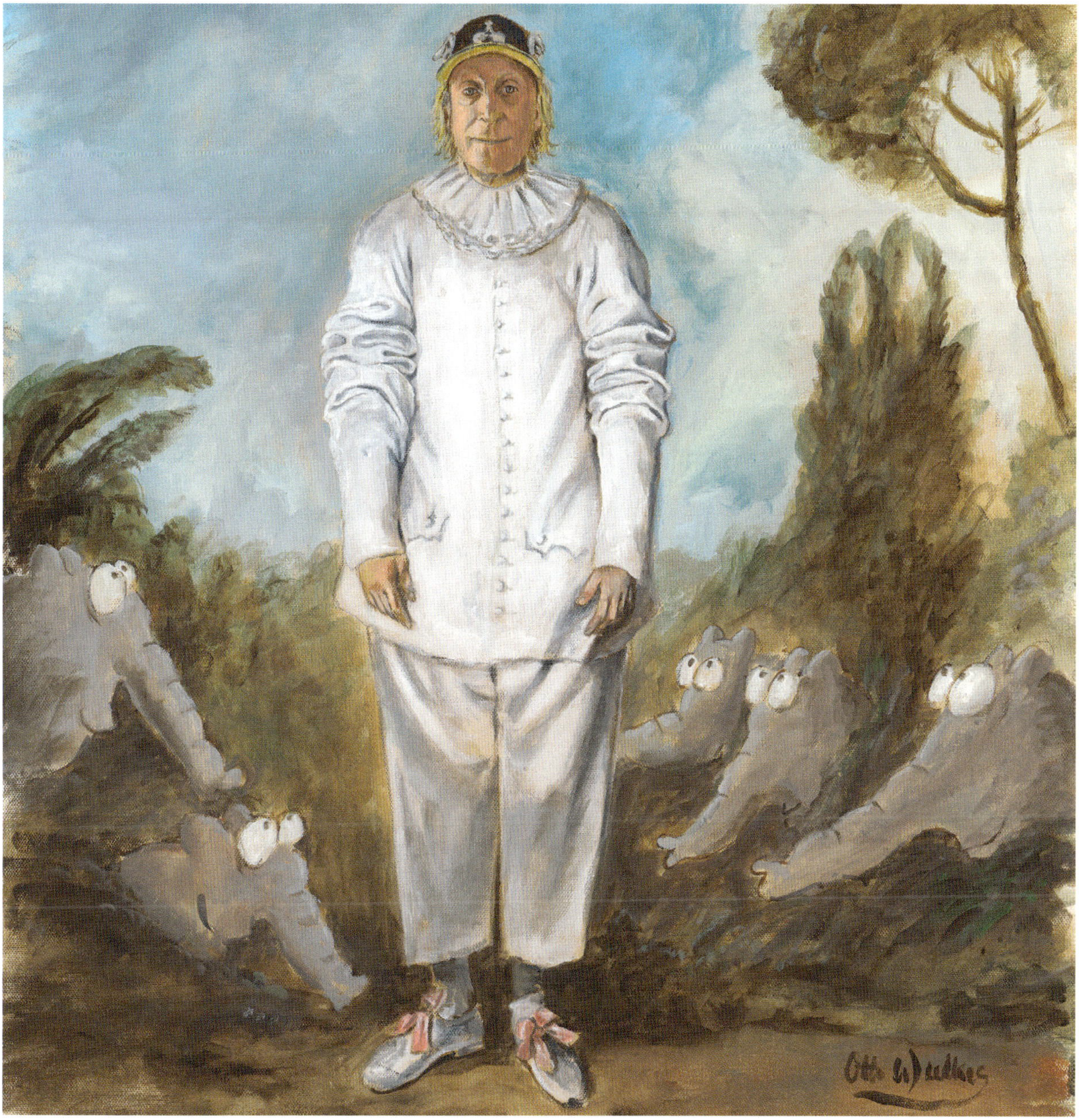

Das Ottifantenmädchen

Nach Jean-Étienne Liotard, »Das Schokoladenmädchen«, 1743/45

Der Schweizer Jean-Étienne Liotard porträtierte im Lauf seines langen Lebens, das beinah das ganze 18. Jahrhundert andauerte, jede Menge gekrönter Häupter: Fürstinnen und Fürsten, Königinnen und Könige, sogar die Kaiserin Maria Theresia wurde von ihm mit Pastellkreiden auf Pergament verewigt. Mit diesen Auftragsarbeiten hat er verdientermaßen viel Geld verdient.

Sein berühmtestes Bild malte er wohl aus eigenem Antrieb: »Das Schokoladenmädchen«. Eine Kammerzofe, von der man bis heute nicht weiß, wie sie hieß, bringt auf einem matt schimmernden Tablett ihrer Herrschaft eine Tasse Schokolade, dazu ein Glas Wasser – mehr nicht.

Doch allein wie der Inhalt fast über den Rand der Tasse schwappt, wie sich ein Fenster im Wasserglas spiegelt, wie die Hand, die es hält, durch das Wasser im Glas gebrochen wird – das ist so liebevoll wiedergegeben, als handle es sich um den Kronschatz des Hauses Habsucht. Mit derselben Sorgfalt ist die Kleidung der Schokoladenreinbringerin ausgeführt, vom Häubchen bis zum Mieder, Fältchen für Fältchen.

Die anrührende Wirkung erinnert an Vermeers »Milcheingießerin« – dass sie mit Pastellkreiden, die nur flüchtig mit dem Untergrund verbunden sind, überhaupt zu erzielen ist, grenzt ans Wundervolle.

Doch die Beliebtheit der Figur hat wohl auch etwas mit der Aussicht auf Genuss und Gemütlichkeit zu tun, die sie ausstrahlt, ganz gleich, ob sie nun Schokolade oder eine Tasse Ostfriesentee kredenzen wird.

Liotard hat einmal gesagt: »Man soll niemals malen, was man nicht sieht.« Otto Waalkes erzählt: »Als ich Liotards ›Schokoladenmädchen‹ in der Dresdner Galerie zum ersten Mal gesehen habe, stand für mich fest: Das möchte ich malen – und das habe ich auch getan – zumindest die bessere Hälfte.«

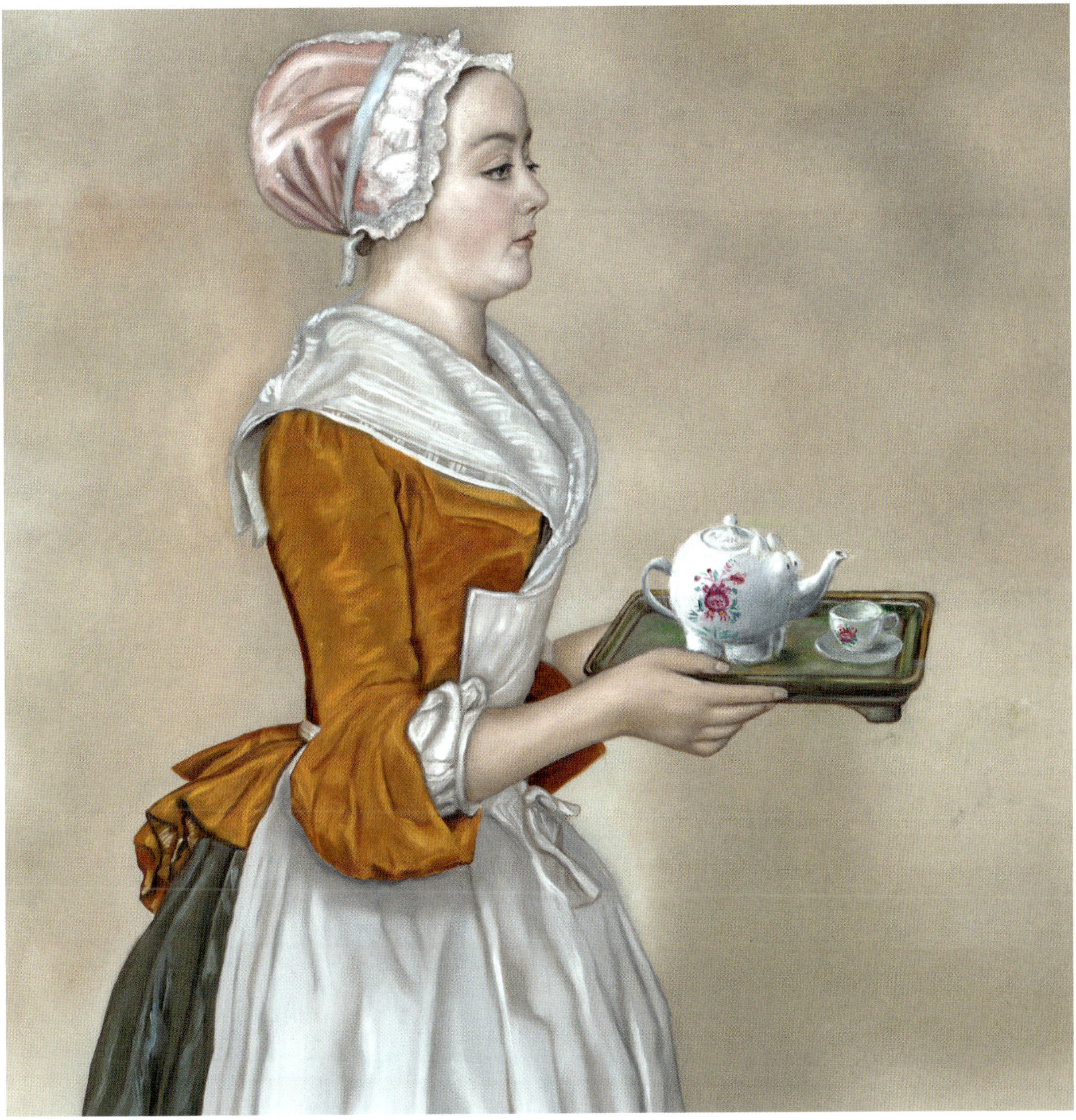

Der Ottifantenzeichner
Nach Jacques-Louis David,
»Die Ermordung des Jean Paul Marat«,
1793

Badewannen wirken harmlos, zumindest auf den ersten Blick. Dabei waren sie oft genug Orte des Schreckens: Von dem Revolutionär Jean Paul Marat, dessen Ermordung der Maler Jacques-Louis David verewigt hat, bis zu Uwe Barschel, für dessen Nachruhm der Fotograf einer Illustrierten gesorgt hat. Ganz zu schweigen von Alfred Hitchcocks unvergesslicher Duschszene aus seinem Meisterwerk *Psycho*. Otto Waalkes war sich des Unheimlichen bewusst – das behauptet er zumindest in diesem Gespräch:

»Ich wollte der Wanne ihren Schrecken nehmen und beweisen, dass Wasser nicht nur zum Waschen da ist.«
»Sie haben recht: Kann es etwas Harmloseres geben, als einen Ottifanten zu zeichnen?«
»Mir ist tatsächlich etwas eingefallen.«
»Ja, was denn nur?«
»Zwei Ottifanten zu zeichnen!«
»Genau. Und auf Ihrem Bild sehen wir ja sogar fünf Ottifanten.«
»Nein.«
»Nicht?«
»Nein, es sind sieben Ottifanten, wenn man die zwei auf der Flügelkappe mitrechnet.«
»Unglaublich. Die Sieben scheint ja Ihre Glückszahl zu sein.«
»Die Sieben ist als Zahl genial.«
»Könnten Sie sich auch ein Bild mit zehn Ottifanten vorstellen?«
»Sicher! Ich kann mir sogar vorstellen, dass auf einem Bild unendlich viele Ottifanten« –
»Hören Sie auf! Sonst wird es schon wieder unheimlich …«

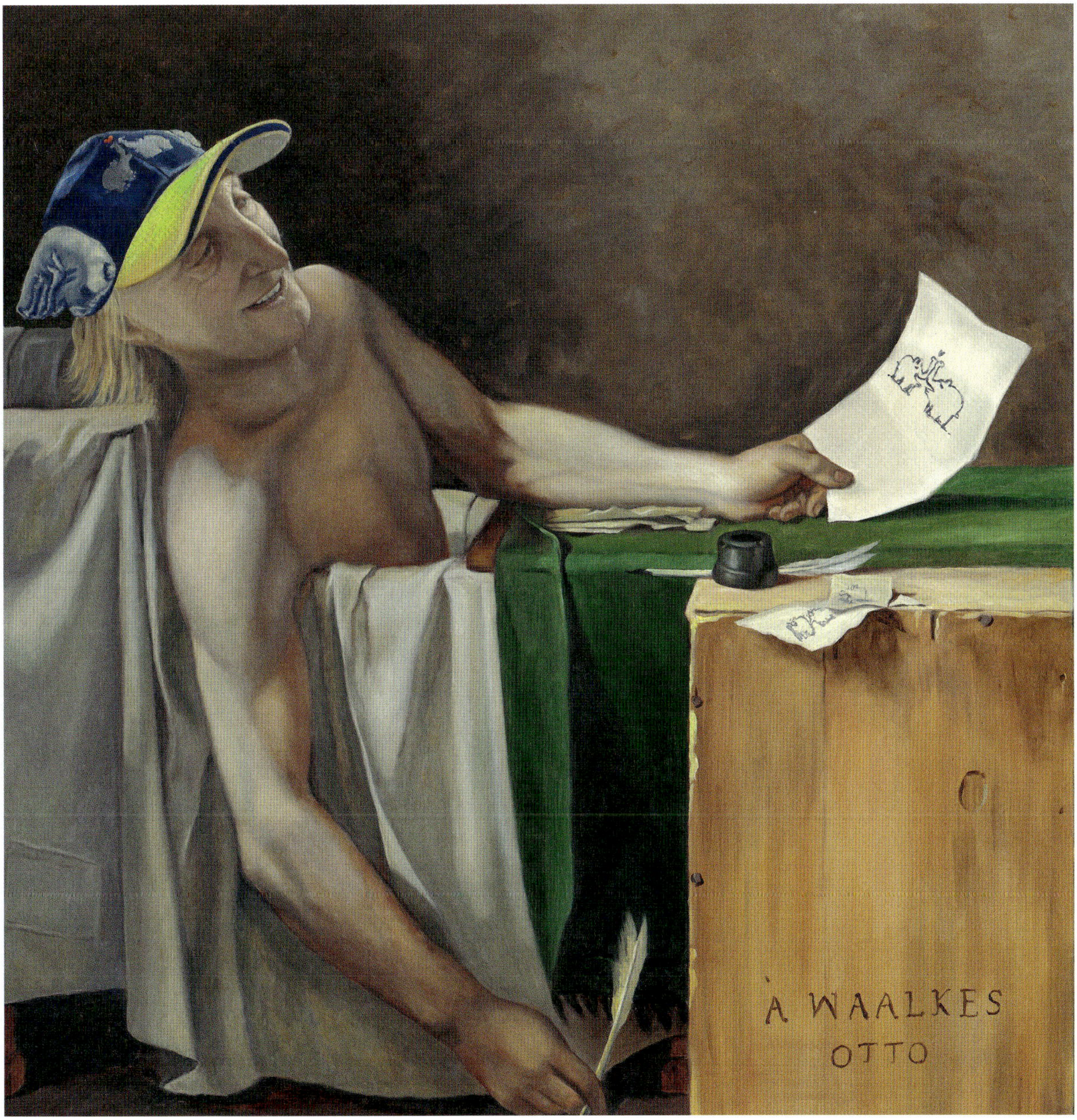
A WAALKES
OTTO

Paarlauf

Nach Henry Raeburn oder Henri-Pierre Danloux, »The Reverend Robert Walker Skating on Duddingston Loch«, um 1795*

* hier streiten die Experten, und wir mischen uns nicht ein.

Von den Eiskunstsaufweltmeisterschaften in Schottland meldet sich unser Reporter Harry Hirsch mit dem Paarsaufen der Herren:

Hier spricht Harry Hirsch. Und ich darf Ihnen eine sensationelle Kür ankündigen: Auf dem Duddingston Loch sind unterwegs: Reverend Robert Waalkes mit Partner, beide in Höchstform, unterwegs zu Höchstnoten. Begonnen hat das Paar mit einem doppelten Steinhäger, ohne einen Wackler der Übergang zum Dreifach-Riesling, gefolgt von einer eingepfiffenen Sangria, einfach aus der Achsel gezuckt, dann die blitzsaubere Portwein-Pirouette mit anschließendem Aufstoßen und der Rülpser-Spirale auf einem Bein – aber auf einem Bein kann man bekanntlich nicht stehen, deswegen ein Viertele Trollinger und zum Abschluss ein blitzsauberer Ratzeputz, ansatzlos aus dem Ellbogen geschüttelt – ja, wer da nicht gerührt war, dem ist nicht mehr auf die Beine zu helfen. Und diese Harmonie im Abgang, dieser Einklang mit der Musik! Dies gute Pottpourri aus der Schnapsody in Blue und den Danziger Goldwasservariationen von Johann Sebastian Asbach – da kommen auch schon die Noten, zunächst für den Promillegehalt:
1,8 – 1,9 – 2,5 – 3,4 – und da ist sogar eine 6 dabei – aber das ist schon die Haltungsnote! Übrigens: Bei einer Umfrage unter Briten nach ihrem Lieblingsgemälde erreichte »Reverend Walker« immerhin den 7. Platz. Und damit übergebe ich mich zurück ins Studio!

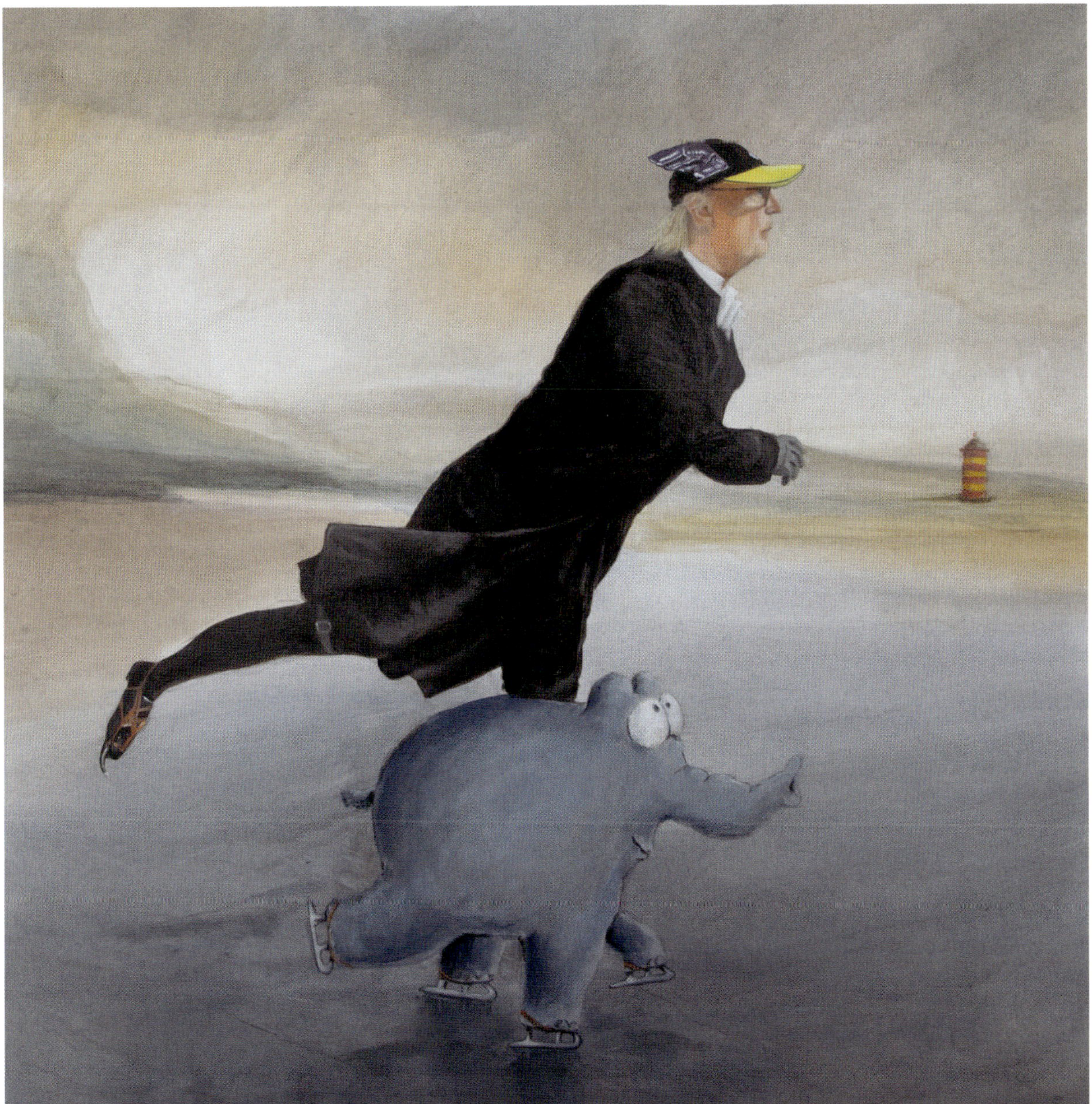

Coming Home

Nach Johann Heinrich Wilhelm Tischbein, »Der Schwachmatikus in der Campagna«, um 1799

Die Familie Tischbein brachte im 18. Jahrhundert gleich mehrere Maler hervor, die sich schon durch ihre Vornamen voneinander unterscheiden lassen. Johann Heinrich Wilhelm ist wohl der bekannteste, denn er kannte Goethe und hat ihn mehrmals gemalt.

Auf dem Ganzkörperporträt, das den Dichterfürsten zeigt, wie er posiert vor dem Hintergrund der Landschaft bei Rom, die man Campagna nennt, hat Goethe scheinbar zwei linke Füße. Die hängen mit dem Rest in dessen Heimatstadt Frankfurt am Main. Doch der Vorwurf ist ungerecht, da zu Goethes Zeiten in der Schuhherstellung noch selten zwischen links und rechts unterschieden wurde – sehr praktisch, denn wenn ein Schuh kaputtging, brauchte man sich nicht gleich ein neues Paar zu kaufen.

Mit dem »Schwachmatikus in der Campagna« ist Goethe offensichtlich nicht gemeint. Die Figur auf dem Esel hat nämlich bereits im Original eine gewisse Ähnlichkeit mit dem, der dies Aquarell parodiert hat, indem er den Eselreiter zur Kenntlichkeit entstellt: Jetzt ist es unverkennbar Otto Waalkes, wie er von der untergehenden Sonne begleitet, auf seinem Ottifanten mit geschulterter Gitarre dem heimatlichen Pilsumer Leuchtturm entgegenreitet.

Der *Schwachmaticus* ist nur eine der Illustrationen, die Tischbein zu einer »Eselsgeschichte« beigesteuert hat. Außerdem waren seine vier Eselsbrüder *Sanguinikus, Cholerikus, Melancholikus* und *Phlegmatikus* in der Campagna unterwegs, die vier klassischen Temperamente verkörpernd: das Heitere, das Reizbare, das Nachdenkliche und das Träge. Dass ausgerechnet der hinzuerfundene Schwachmat dem Parodisten so ähnlich sieht, sollte ihm doch zu denken geben. Oder lieber nicht?

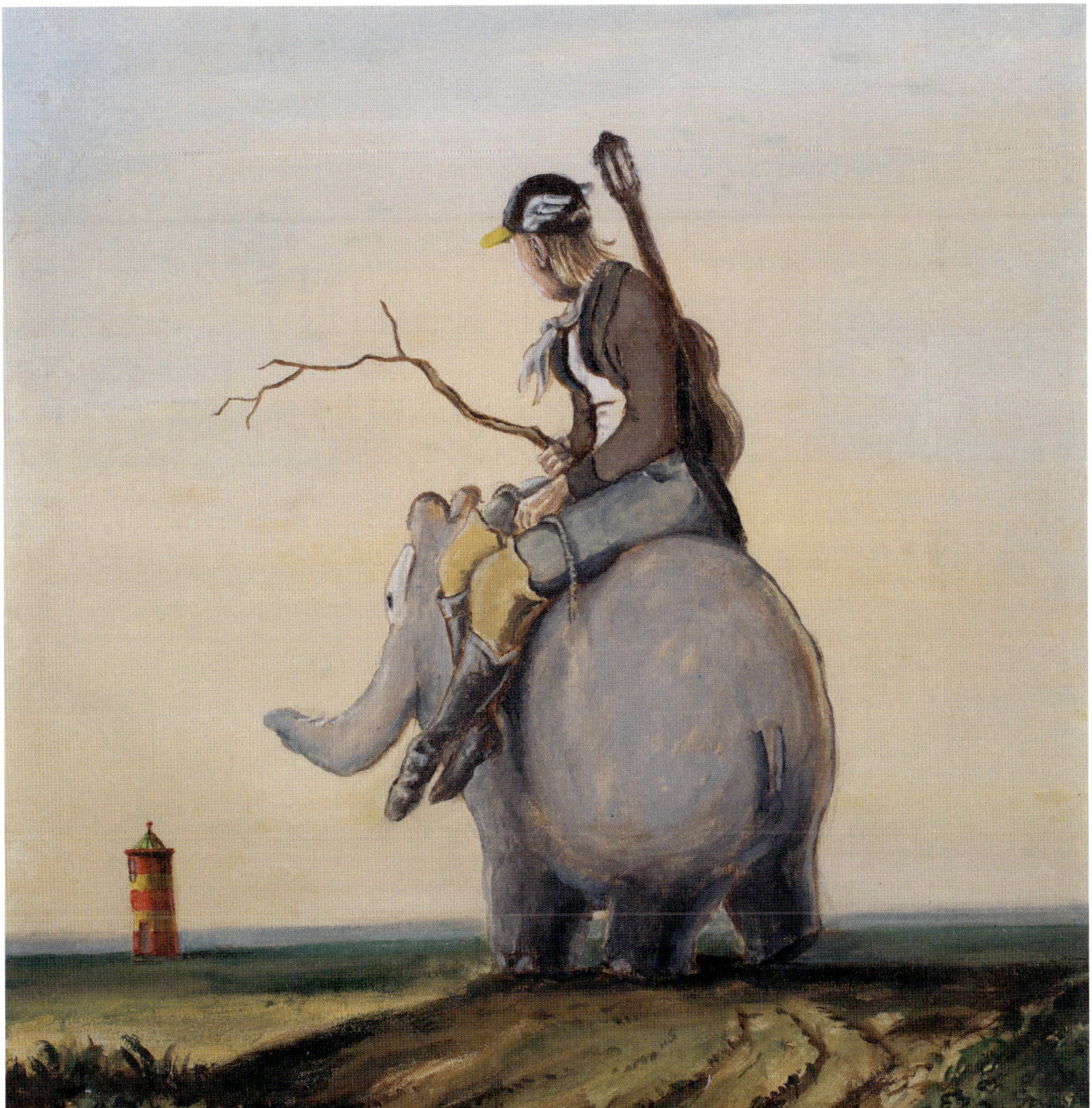

Gruppenbild mit Dame

Nach Jean-Auguste-Dominique Ingres,
»Die große Odaliske«,
1814

Odalisken – nicht zu verwechseln mit Obelisken, diesen Hinkelsteinen, die Gallier gern auf ihre Feinde schmeißen – Odalisken – wortwörtlich aus dem Türkischen zu übersetzen mit »Zimmermädchen« – also: Odalisken nannte man auch jene abendländischen Damen, die durch Launen des Schicksals in einem morgenländischen Harem gelandet waren.

Das war übrigens nicht selten: Mozarts Singspiel »Die Entführung aus dem Serail« handelt hauptsächlich davon, wie abendländische Herren eine solche Dame aus der Gefangenschaft befreien. Dass der orientalische Serailbesitzer, ein Pascha namens Selim, der Entführung am Ende seinen Segen gibt, darf als schönes Beispiel für Völkerverständigung, männliche Sensibilität und politisch korrektes Verhalten an sich gelten. Glaubwürdiger wird die Handlung damit aber nicht.

Maler wie Ingres haben sich von der Situation inspirieren lassen, die weiblichen Körpern einen pikanten Reiz des Verbotenen mitgab. Denn in Harems und Serails waren Frauen ansonsten an- und auszüglichen Männerblicken entzogen. Ihre Wärter wurden vorsorglich entmannt. Man nannte sie deswegen Eunuchen, »Wächter des ehelichen Betts«.

Wie es den vier Ottifanten gelingen konnte, in die Verbotszone vorzudringen, ist nicht nachvollziehbar. Ebenso wenig wie die Dreistigkeit, mit der sie die Situation ausnutzen, um im Angesicht solcher Schönheit ein Selfie zu machen. Einerseits schlimm – andererseits wohl nicht schlimmer als die Chuzpe des Malers, der seiner Phantasie freien Lauf ließ und seiner Figur ein paar Rückenwirbel zu viel gönnte.

Die »Große Odaliske« aber lässt all das geschehen und hat nur ein müdes Lächeln übrig für die Aufdringlichkeit der Alten wie der Neuen Welt.

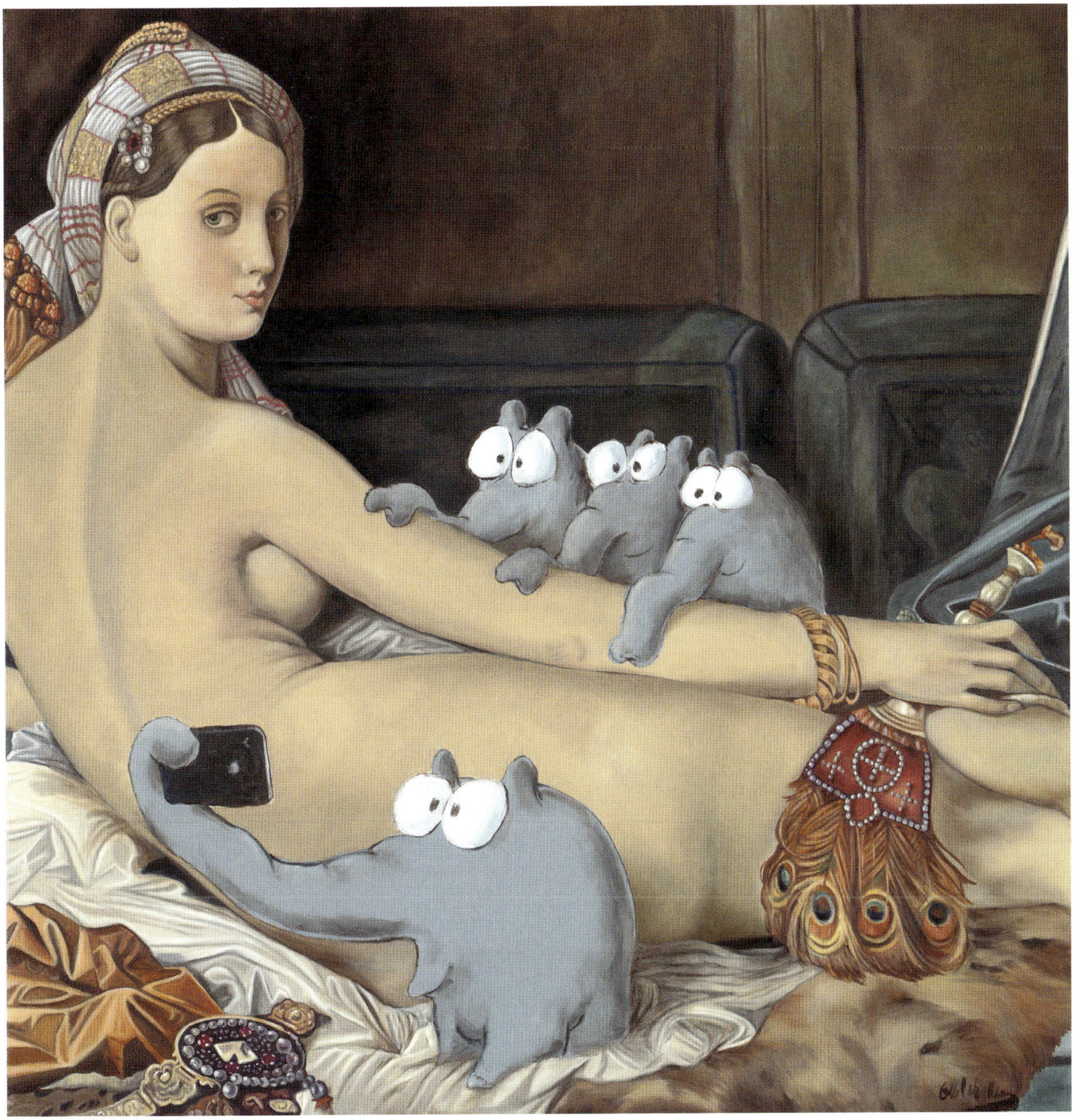

Zwei Wanderer über dem Nebelmeer
Nach Caspar David Friedrich,
»Der Wanderer über dem Nebelmeer«,
um 1818

Zwei Wand'rer wandern Seit' an Seite,
und endlich dann sind sie am Ziel.
Da steh'n sie nun und seh'n ins Weite –
im Nahbereich seh'n sie nicht viel.
Warum vertrauten sie denn nicht
der Wetter-App und der Prognose:
Hochnebel führt zu schlechter Sicht?
So ging der Ausflug in die Hose.
Und man sieht's ihren Rücken an,
dass sie nichts mehr beglücken kann.

Die Vorlage zu diesem Gemälde ist von Caspar David Friedrich, dem Maler, dem wir den berühmten Satz zu verdanken hätten: »Ein schöner Rücken kann auch entzücken«, wenn, ja, wenn der große Schweiger der deutschen Romantik nur etwas mehr gesagt hätte. Immerhin glückten ihm einige der bedrückendsten Rückenfiguren der deutschen Kunst und ein malerisches Testament, in dem er voraussagt: »Einst aber wird einer kommen, der aus einem Rücken einen Elefanten machen wird.« Der Satz wurde leider missverstanden und dadurch sprichwörtlich. Aber wer will schon aus Mücken Elefanten machen?

Otto Waalkes hat sich nur einmal dazu geäußert: »Ich mag Rückenfiguren«, schrieb er in seinem hintergründigen Essay »Warum ich Rückenfiguren mag«, »weil sie einen auf so schöne Hintergedanken bringen.« Dem ist nichts hinzuzufügen. Außer dem Zusatz: »Zudem sind Figuren von hinten leichter zu malen als von vorn.«

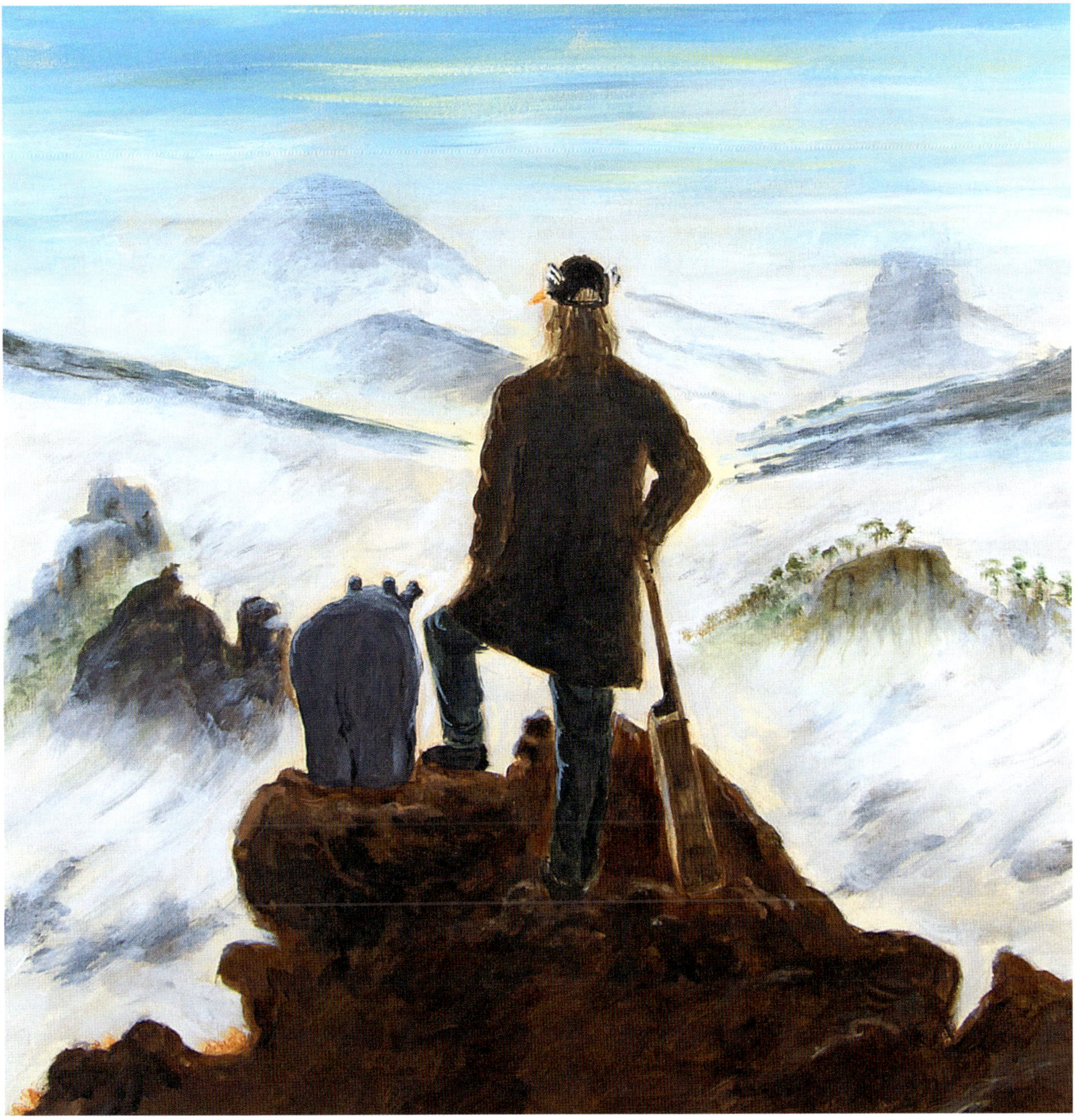

Die Freizeit führt das Volk

Nach Eugène Delacroix, »Die Freiheit führt das Volk«, 1830

Auf Delacroix' programmatischem Revolutionsbild »Die Freiheit führt das Volk« marschiert das französische Volk und singt vermutlich die »Marseillaise«, die bald darauf zur Nationalhymne wird:

Allons enfants de la Patrie,
Le jour de gloire est arrivé!
Contre nous de la tyrannie,
L'étendard sanglant est levé ...

Übersetzen lässt sich das sinngemäß so:

Los geht's, ihr Patrioten!
Der Tag des Ruhms ist endlich da.
Nieder mit den Despoten!
Der Freiheitstraum wird wirklich wahr!

Was auf Otto Waalkes' arbeitnehmerfreundlicher Variante »Die Freizeit führt das Volk« gesungen wird, klingt etwas anders als das Vorbild, wie schon das neue Motto: Liberté, Égalité, Ostfriesenté!

Leute, seht die Trikolore,
wie sie flattert euch voran.
Leute, hört mit eig'nem Ohre,
was mein Lied euch sagen kann:

Lasst den Kaffee und die Sahne!
Kommt herunter vom Balkon,
folgt der rot-weiß-blauen Fahne:
Eröffnet ist die Grillsaison!

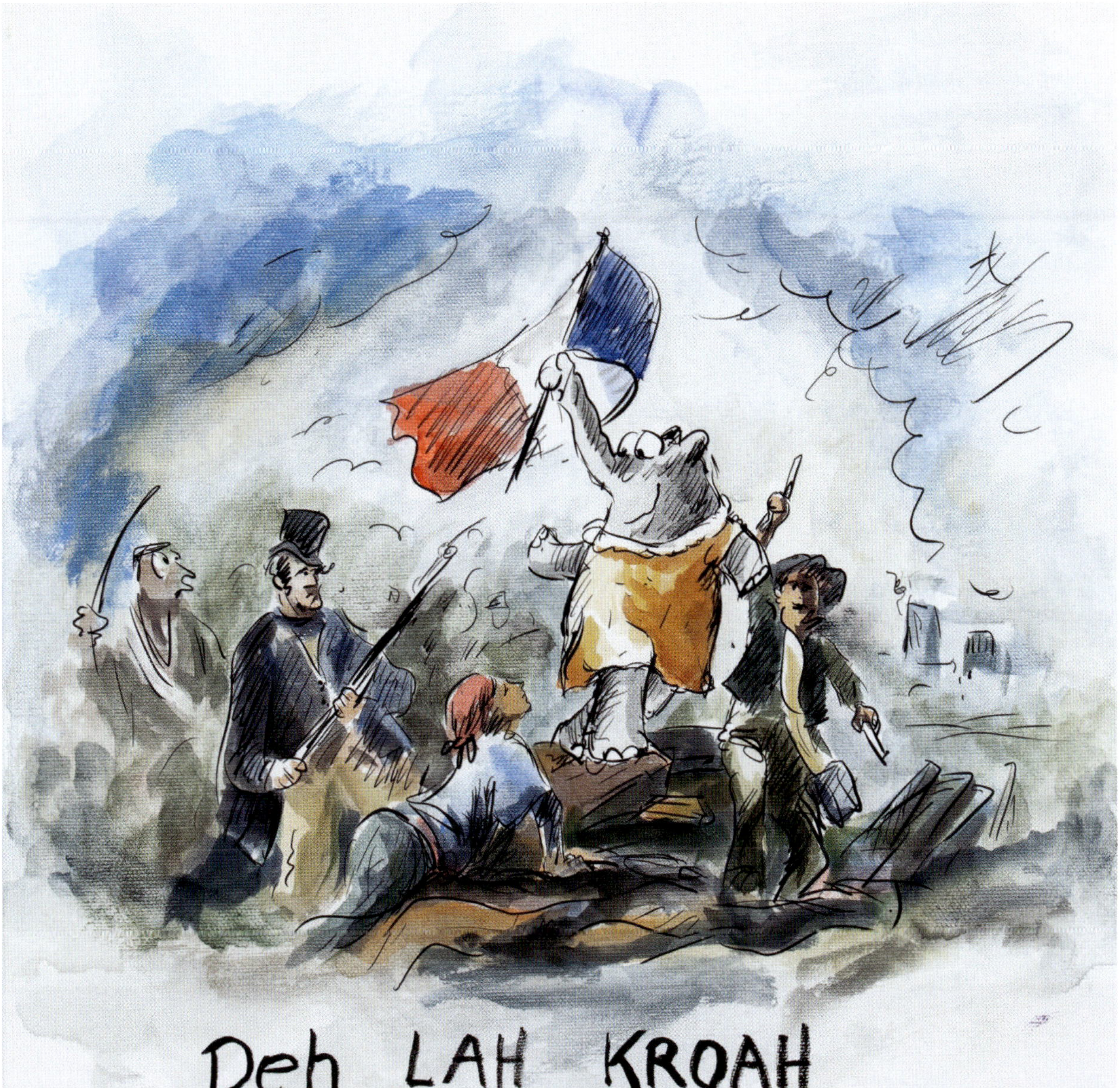
Deh LAH KROAH

Die perfekte Welle

Nach Katsushika Hokusai, »Die große Welle vor Kanagawa«, um 1830–1832

Hokusai hat den Manga zwar nicht erfunden, doch den Begriff für Bildergeschichten hat er im 19. Jahrhundert wiederbelebt und in Japan populär gemacht. Mit seiner »Großen Welle« bietet der Altmeister eine Steilvorlage für Parodien. Wo Hokusai den Fujiyama hinsetzte, steht bei Otto Waalkes der Pilsumer Leuchtturm. Und statt der beiden bedrohten Langboote sehen wir vor dem neuen Hintergrund einen Ottifanten auf dem Brett, das Surfern die Welt bedeutet.

Das ist eine ebenso naheliegende wie erfrischende Abwechslung. Die große Welle, deren Kamm sich mit bedrohlichen Greifarmen der Küste nähert, wird zum Rummel- und Tummelplatz des silbergrauen Surfers in bester Beach-Boy-Tradition: »They're angling in Laguna in Cerro Azul / They're kicking out in Doheny too / I tell you surfing's mighty wild / It's getting bigger every day / From Hawaii to the shores of Peru«

Im Angesicht des heiligen Berges Fuji ist Surfen verboten. Doch das Surferparadies, das bei den Beach Boys von Kalifornien über Hawaii bis Peru reicht, wird von Otto Waalkes noch ein wenig erweitert: Gedropped und geduckdived, gekickt und gepaddelt wird jetzt also auch im Wattenmeer.

Meister Hokusai soll mit dem Stoßseufzer gestorben sein: »Hätte der Himmel mir noch weitere fünf Jahre geschenkt, wäre ich ein großer Maler geworden.« Bescheiden war er also; ob er ein großer Surfer war, ist nicht überliefert. Aber dazu reichte es bei Brian Wilson, dem Schöpfer der besten Surfer-Hymnen, ja auch nicht. Oder um es mit seinen Worten zu singen: »Catch a wave and you're sitting on top of the world – Schnapp dir eine Welle, und du sitzt auf dem Topf der Welt.«

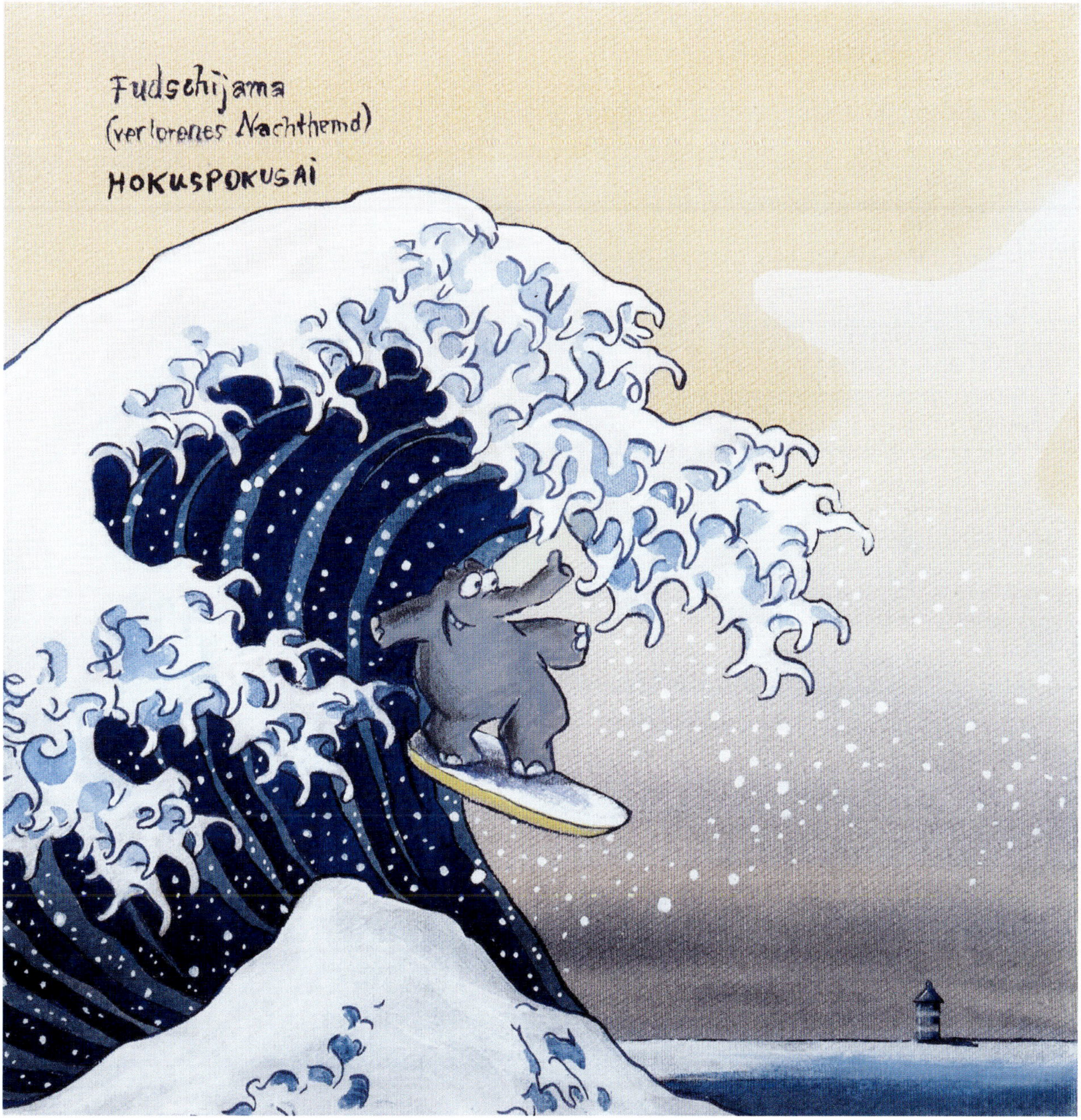
Fudschijama
(verlorenes Nachthemd)
HOKUSPOKUSAI

The Last Farewell

Nach William Turner,
»The Fighting Temeraire tugged
to her Last Berth to be broken up,
1838«, 1839

Schiffskatastrophen war'n der Burner
Für den Maler William Turner.
In diesem Fall ein Abgesang
Bei schönstem Sonnenuntergang.

Die »Temeraire«, ein Segelschiff,
war in Britannien ein Begriff.
Er steht für die Verwegenheit –
Turner malt die Begebenheit.

Der Himmel färbt sich blutig rot
Ein Schiff bekommt kein Gnadenbrot.
Wir sehen seine letzte Fahrt.
Sein Schicksal ist besonders hart:

Was macht dabei der Ottifant?
Er zieht die »Temeraire« an Land.
In London würd' sie abgewrackt
Und gnadenlos zu Schrott zerhackt –
nun schmücken Mast und Schot und Wanten
den Waldfriedhof der Ottifanten.

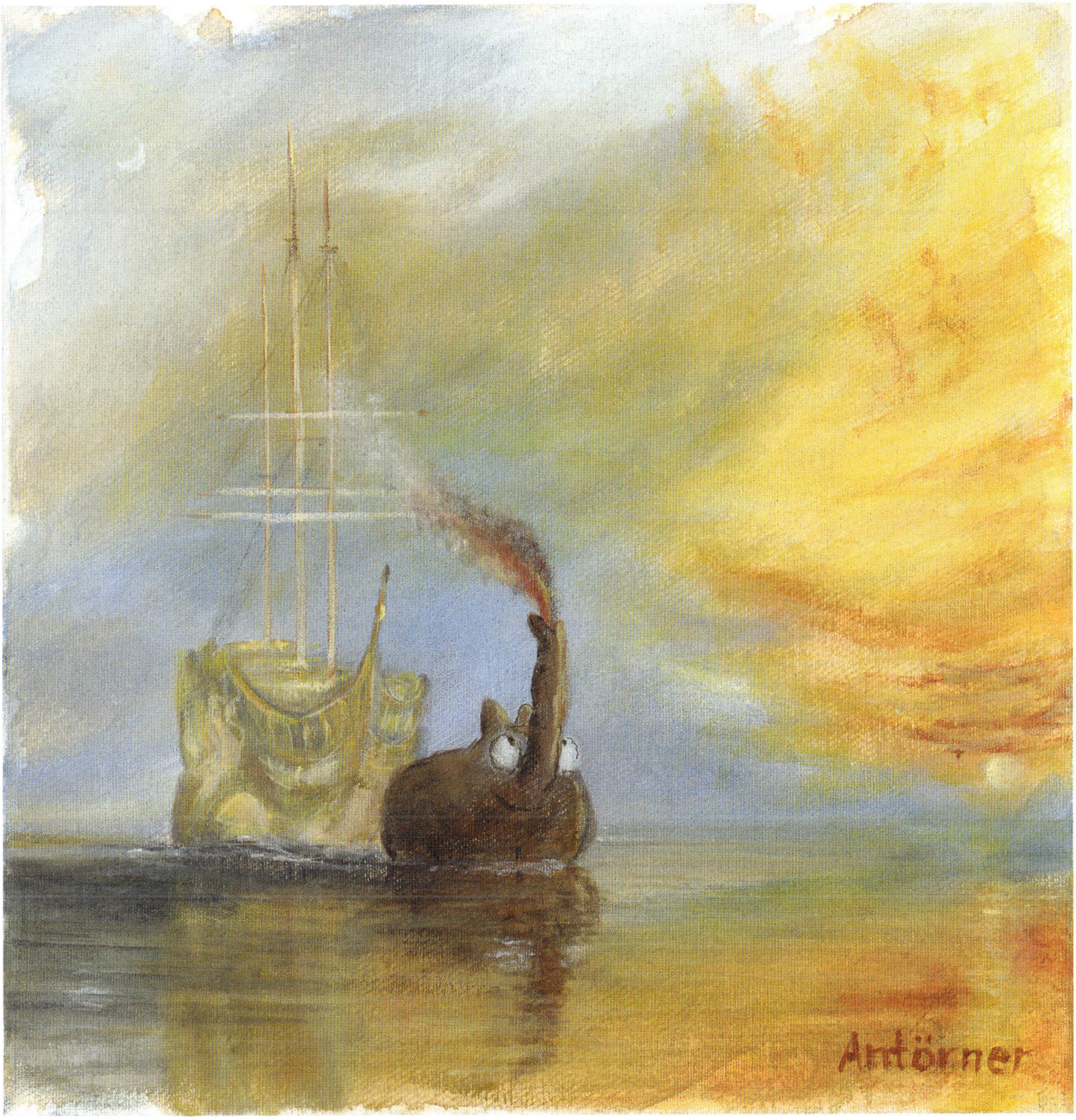
Antörner

The Artist in Residence
Nach Carl Spitzweg, »Der arme Poet«, 1839

Carl Spitzwegs »Armer Poet« hätte den Künstler reich machen können. Reproduktionen zierten bürgerliche Wohnzimmer, Studentenbuden und Buchumschläge, sogar Sonderbriefmarken und eine 10-Euro-Münze zeigen den Dichter in seiner Dachkammer.

Als Carl Spitzweg 1839 sein Frühwerk dem Publikum präsentierte, stieß es auf harsche Ablehnung. Die offensichtliche Diskrepanz zwischen der hehren Tätigkeit des Dichtens und den prekären Lebensverhältnissen des Dichters wurde von den meisten Kritikern seiner Zeit noch als geschmacklos empfunden. Heutigen Vorstellungen, die sich Nicht-Künstler vom Künstlerleben gern machen, kommt Spitzwegs Darstellung eines darbenden Poeten schon näher: arm, aber glücklich – oder noch besser unglücklich –, ein Ideal, das in Opern wie *La Bohème* besungen und verklärt wurde. In der bildenden Kunst findet es in Vincent van Gogh seine finale Verkörperung.

Populär wurden Spitzwegs Bilder erst, als der Maler längst tot war, und die Sehnsucht nach der scheinbar unzerstörten Welt des Biedermeiers Spitzwegs Spott den Stachel gezogen hatte. So heil war seine Welt zwar auch nicht, doch nach großen Kriegen und Katastrophen ist das nostalgische Bedürfnis danach so dringend, dass über etwaige Risse und Schrammen großzügig hinweggesehen wird.

Ironie bleibt ohnehin meist unbemerkt und verkauft sich nicht besonders. Von seinen gut 1400 gelisteten Gemälden fanden zu Lebzeiten Spitzwegs nur knapp 500 einen Käufer. In neueren Umfragen nach den beliebtesten Gemälden der Deutschen belegt Spitzwegs Poet nun stets einen Spitzenplatz, gleich nach der »Mona Lisa«.

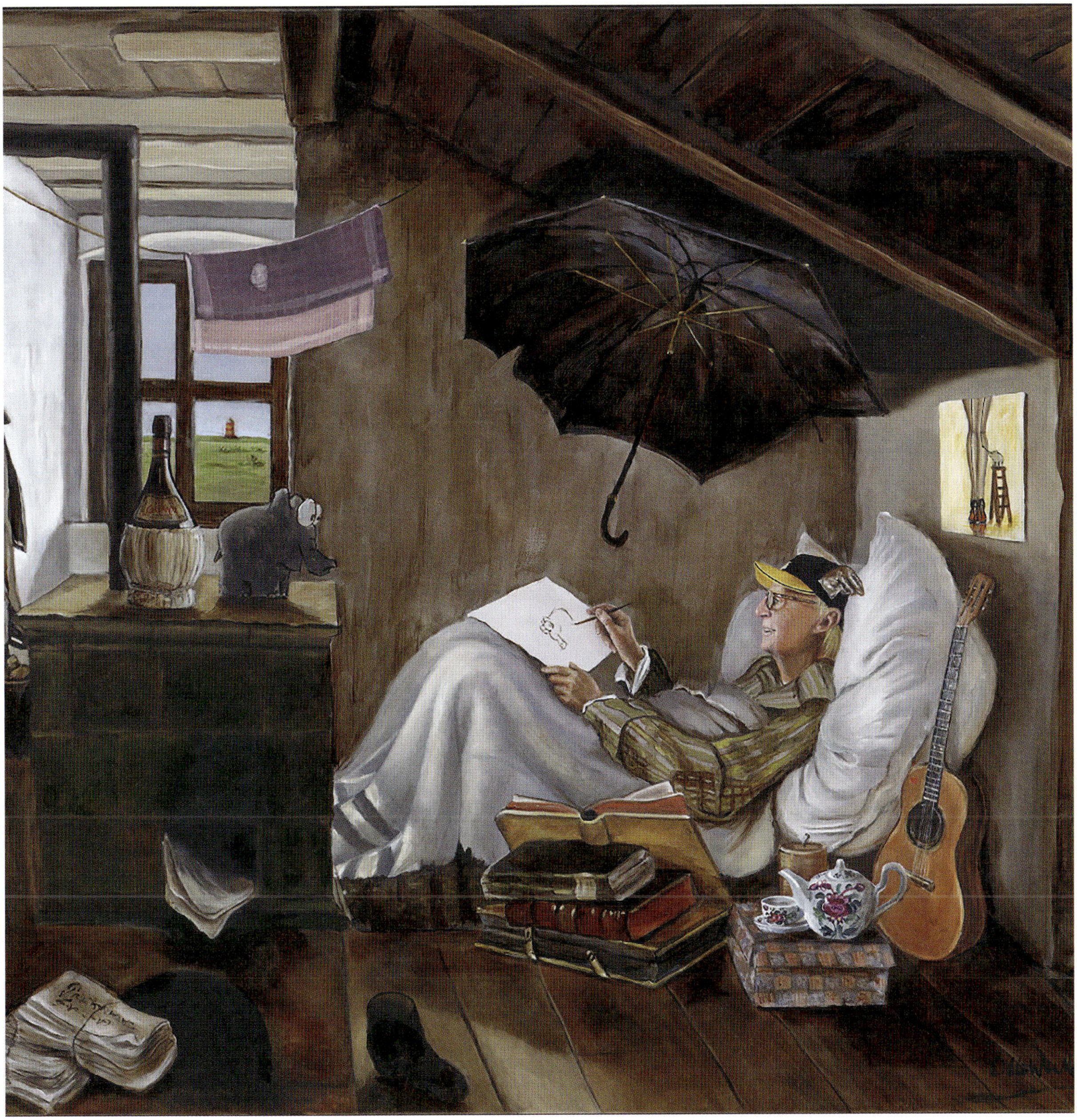

Die Kehrseite der Medaille

Nach Dante Gabriel Rossetti, »Helena von Troja«, 1863

Ein Engländer namens Rossetti
malte gern seine Frau namens Betty.
Noch lieber malte er Jane,
die war seiner Frau zu mondän.
Doch ansonsten war alles paletti.

Genau wie die Form des Limericks ist in der Kunst die Neigung ausgestorben, sich an älteren Vorbildern zu orientieren. Die englischen Präraffaeliten waren wohl die letzten dieser Art. Was Dante Gabriel Rossetti unter diesen schönheitstrunkenen Brüdern einzigartig machte, waren sein italienischer Name und sein Wombat.

Wombats sind Beuteltiere – in Alfred Brehms Tierleben kommen sie nicht gut weg: »Der Wombat sieht noch unbehilflicher aus, als er ist. […] Ein so stumpfsinniger und gleichgültiger Gesell, wie er ist, lässt sich nicht leicht aus seiner Ruhe bringen.«

Rossetti liebte seinen Wombat über alles: Als der 1869 starb, war er beinah untröstlich. »The Wombat is a Joy, a Triumph, a Delight, a Madness.« Das muss man wohl nicht übersetzen.

Außerdem mochte Rossetti Frauen mit lockigem Haar und malte sie in allen möglichen historischen Kostümen, seine Ehefrau als »Ophelia« und sein Lieblingsmodell Jane Morris als »Helena von Troja«. Rossetti hat Jane einmal sogar mit seinem Wombat zusammen gezeichnet: Beide tragen sie einen Heiligenschein.

Die schöne Helena, jahrelang umkämpft von Griechen und Trojanern, hatte ein ganz anderes Lieblingstier – auf Waalkes' Hommage ist es sehr klein, aber oho.

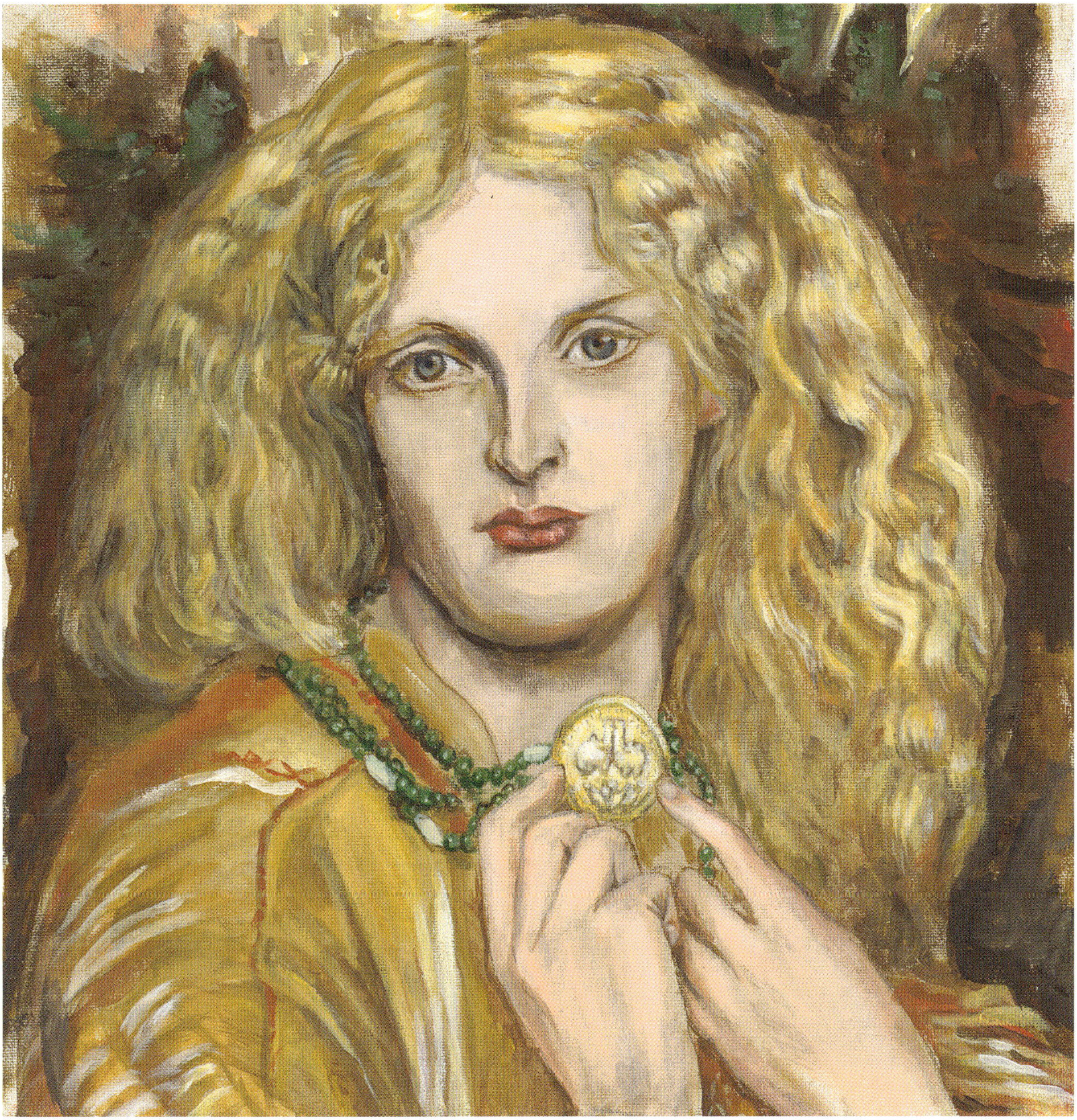

Whistler’s Mother

Nach James McNeill Whistler, »Arrangement in Grau und Schwarz No. 1«, 1871

Natürlich hätte James McNeill Whistler sein berühmtestes Gemälde auch einfach »Mutti« nennen können. Oder »Porträt meiner Mutter«. Doch das war ihm wohl nicht fein genug. Insofern war schon der Titel, »Arrangement in Grau und Schwarz«, typisch für diesen Amerikaner in Paris. Dort war er für den boshaften Kollegen Edgar Degas »eigentlich der lächerlichste Mensch in Paris« – mit der kleinen Einschränkung: »Wenn Sie kein Genie wären …« Dafür hielt sich mit Sicherheit auch Whistler selbst und reagierte entsprechend empfindlich auf jede Kritik an seinem Werk. Gegen den kunstsinnigen John Ruskin prozessierte er, weil der den Preis, den Whistler für ein Bild verlangte, eine Unverschämtheit genannt hatte. Der Staatsanwalt fragte nach: »Sie verlangen also für die Arbeit von zwei Tagen 200 Guineen?« Darauf Whistler: »Nein, ich verlange sie für die Erfahrung eines ganzen Lebens.« Eine Rechtfertigung, die sich jeder Künstler merken sollte.

Whistlers Porträt seiner Mutter spielt auch die Hauptrolle in dem britischen Film *Bean – der ultimative Katastrophenfilm*. Die ultimative Katastrophe bahnt sich an, als der Museumswärter Mister Bean (Rowan Atkinson) ausgewählt wird, Whistlers ikonische Mutter nach Amerika zu begleiten, und endet in einer durchaus unsachgemäßen Restaurierung des unbezahlbaren Gemäldes.

Mr. Beans Porträtversion hängt bei Waalkes’ »Mutter« an der Wand, Beans Rede passt ebenfalls zum Anlass: »Also was kann ich nun nach jahrelanger Erfahrung über dieses Bild sagen … Also erstens: Es ist ein recht großes Bild, und das ist auch gut so … denn wenn es ein ganz kleines Gemälde wär … ganz winzig … mikroskopisch … könnte es am Ende niemand von uns sehen, das wäre furchtbares Pech, ja aber … und zweitens und damit möchte ich langsam zum Ende meiner Analyse dieses Meisterwerks kommen.« Vorbildlich.

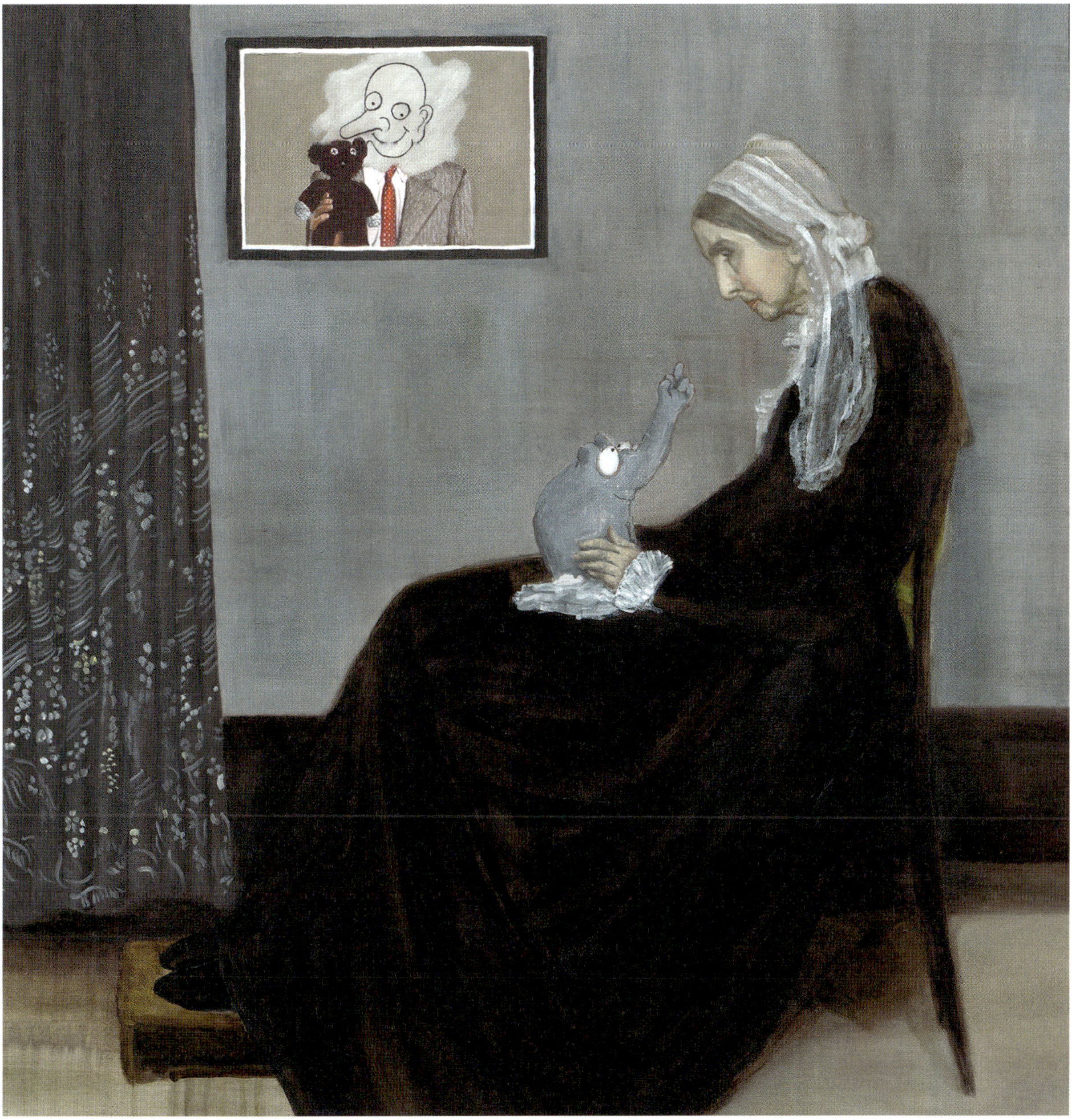

Der Nach-Denker

Nach Auguste Rodin, »Der Denker«, 1880–82

»Mann saß auf einem Steine, / und deckte Bein mit Beine, darauf der Ellenbogen stand; / es schmiegten sich in eine Hand das Kinn und eine Wange …«

So ähnlich hat es Walther von der Vogelweide formuliert, denn schon im Mittelalter war diese Pose bekannt: zum Zeichen, dass die gewälzten Gedanken elend schwer wogen. Walthers Gedanken gingen so weiter:

»Da dachte ich sorglich lange, / dem Weltlauf nach und irdischem Heil; doch wurde mir kein Rat zuteil …«

Was an Rodins »Denker« als Erstes auffällt: Der Mann ist gut gebaut. Das sind Intellektuelle, die ihre Sixpacks eher auf der Stirn als in der Bauchgegend zu tragen pflegen, selten. Ist jedoch in diesem Fall kein Wunder: der Mann, nach dessen Vorbild Rodin den Körper geformt hatte, war hauptberuflich als Preisboxer tätig. Nebenberuflich stand jener Jean Baud später noch Modell für Ferdinand Hodlers »Holzfäller«, der es 1911 auf die schweizerische 50-Franken-Note brachte.

Und Auguste Rodin? Sein »Kuss« schaffte es auf eine französische Briefmarke im Wert von 1,30 Euro. Der Meister selbst musste sich mit einer 2-Euro-Gedenkmünze zum 100. Todestag begnügen. Sein nackter Denker durfte immerhin für einige Gemälde Edvard Munchs und als Werbefigur für Heimsaunas Modell sitzen.

Worüber der Preisboxer dabei nachdachte, hat er nie verraten; vermutlich über seinen nächsten Gegner und wie er dessen Linke vermeiden und ihm stattdessen einen rechten Haken verpassen könnte.

Und woran denkt der Ottifant? Was der sich denkt: geschenkt!

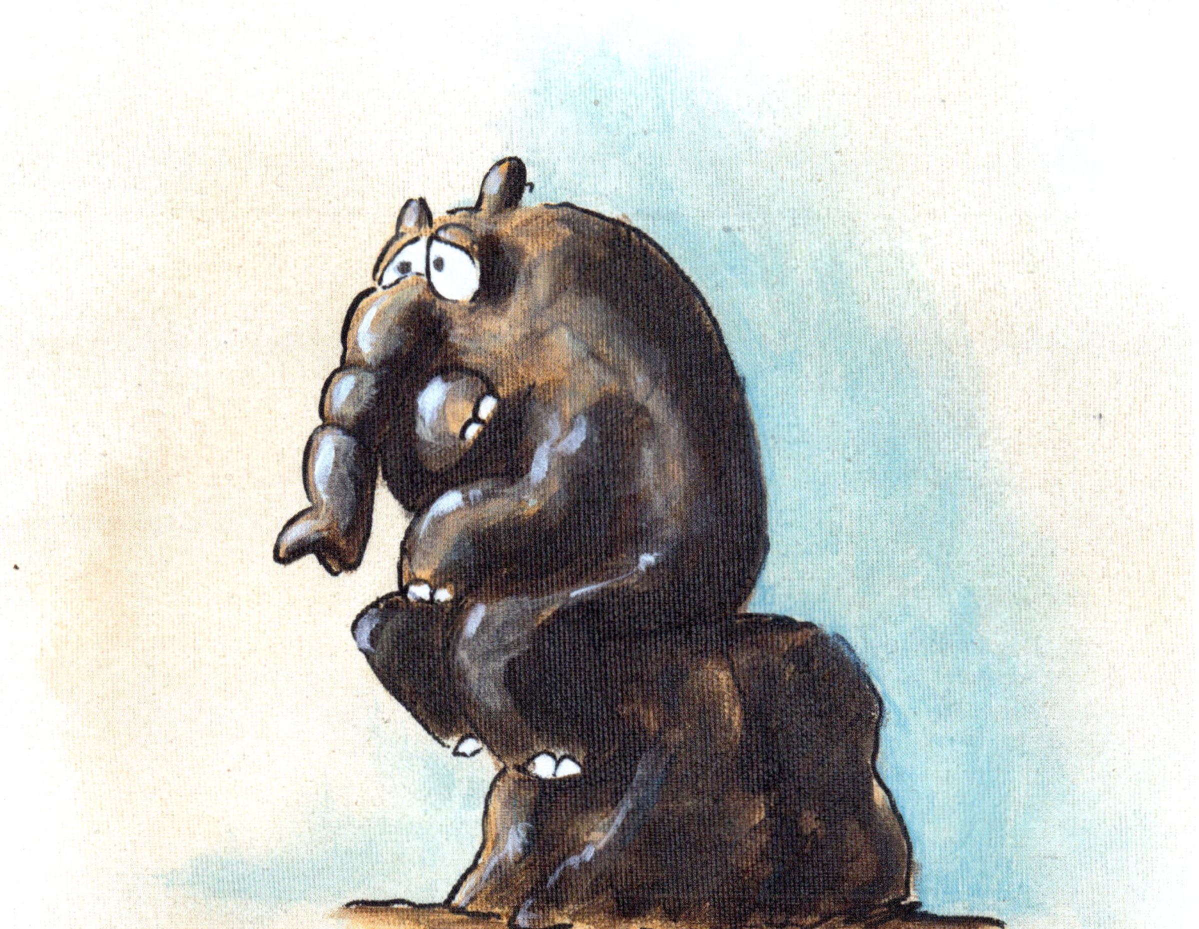
RODENG

Valse Schmusette

Nach Pierre-Auguste Renoir, »La Danse à Bougival«, 1883

Als Maler war Pierre-Auguste Renoir nicht unumstritten. Bei einem Drei-Maler-Treffen im Garten Claude Monets – den wir demnächst noch näher kennenlernen werden – malte Édouard Manet die Familie des Gastgebers. Renoir versuchte sich am selben Motiv, worauf Manet Monet beiseite nahm und ihm ins Ohr flüsterte: »Monet, Sie sind doch mit Renoir befreundet. Raten Sie ihm, einen anderen Beruf zu ergreifen, Sie sehen ja selbst, die Malerei liegt ihm nicht.« Gefolgt ist Monet Manets Anregung wohl nicht – und wenn doch, dann ohne Erfolg.

Renoir malte unverdrossen weiter, und das, obwohl offensichtlich ist: Einige seiner Gemälde liegen jenseits der Kitschgrenze. Allzu rosig sind die Bäckchen, allzu niedlich die Grübchen, allzu süßlich ist das Lächeln vieler seiner Modelle. Aber hat das Glück nicht immer eine Neigung zum Kitschigen? Die Frage hätte Renoir, »Maler des Glücks«, beantworten können: »Das Leben bringt schon genug Unangenehmes mit sich – warum es nicht ab und zu von der leichten Seite nehmen?« Ja, Auguste Renoir war ein großer Philosoph. Andererseits hat er auf seinen besten Bildern etwas von der Schönheit eingefangen, die den Augenblicken innewohnt, wenn seine aufgeputzten Demoiselles an einem Sommerabend in einem Pariser Vorstadtlokal im Halbschatten der Lauben sich im Walzertakt drehen. Oder steht auch die Schönheit an sich schon unter Kitschverdacht?

Nein, die Schönheit ist vergänglich und damit genauso unschuldig wie der Ottifant, den diese Tänzerin in ihren Armen hält.

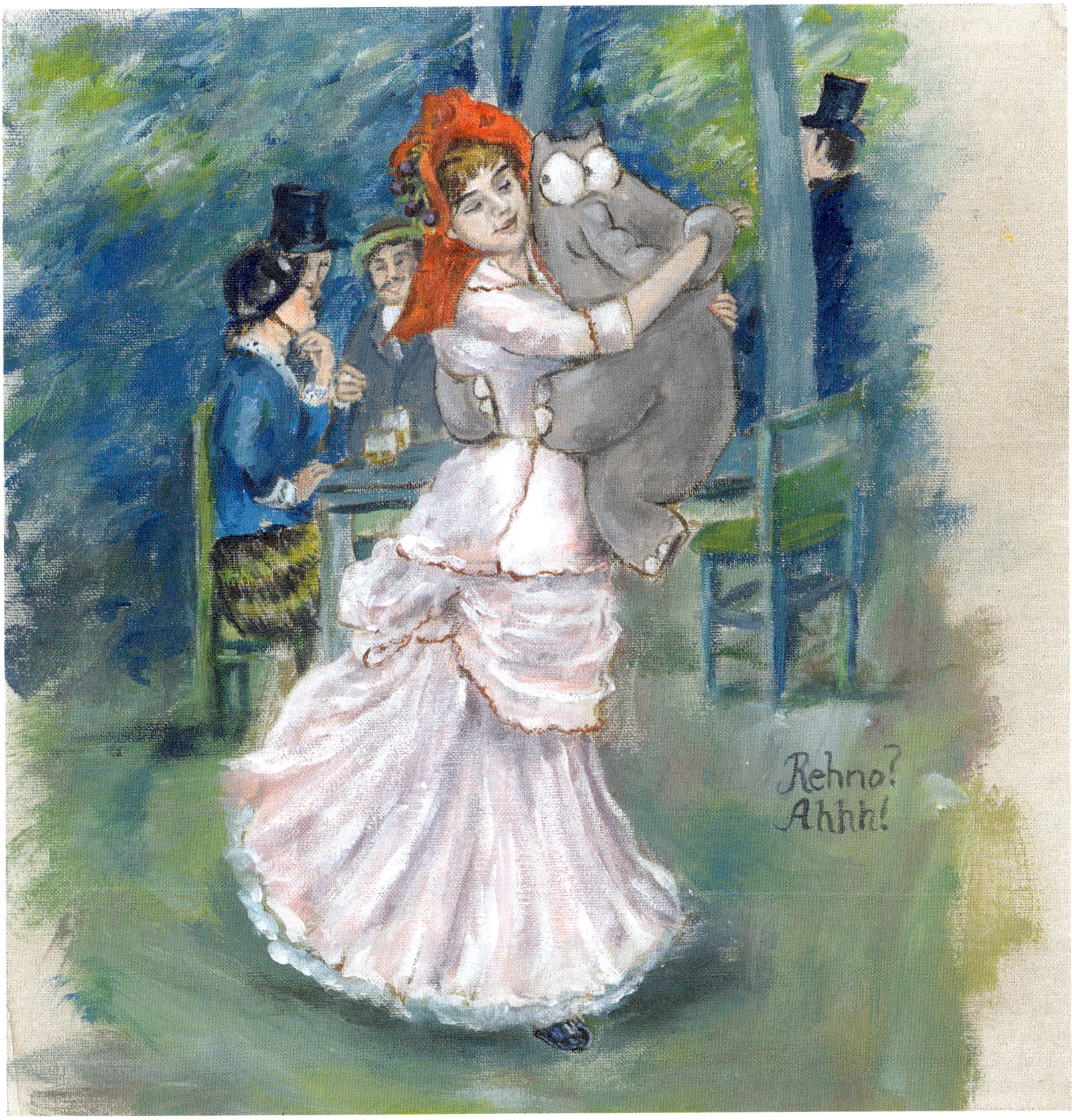
Rehno?
Ahhh!

The Sunny Side

Nach Vincent van Gogh, »Sonnenblumen«, 1888/89

Man hört's nicht gern und glaubt es doch:
Schwer hatte es Vincent van Gogh.
Das Leben hat ihm nichts erspart,
von Anfang an war es sehr hart.
Zu Hause nichts als Dauerzwist:
Der Vater gnadenloser Christ.
Die Ausbildung mühselig mager,
beruflich ein Totalversager.
Als wäre das noch nicht genug,
nagt Vincent bald am Hungertuch.
Er kann zwar kaum die Farben zahlen,
doch plötzlich fängt er an zu malen.
Und das Genie, das bricht sich Bahn:
Van Gogh gilt bald als Mal-Titan,
als Lichtgestalt, Liebling der Götter.
Am Ende schweigen selbst die Spötter –
doch dies war nicht der letzte Vers.
Der lautet nämlich schlicht: Schön wär's!*

* Wie um die Heiligen bilden sich um die Künstler Legenden: Frühes Leid und später Lohn. Genie und Wahnsinn. Noch beliebter: der Künstler als Märtyrer, bestes Beispiel Vincent van Gogh. Und wie bei allen Heiligen stimmen diese Künstlerlegenden manchmal mehr und meist weniger.

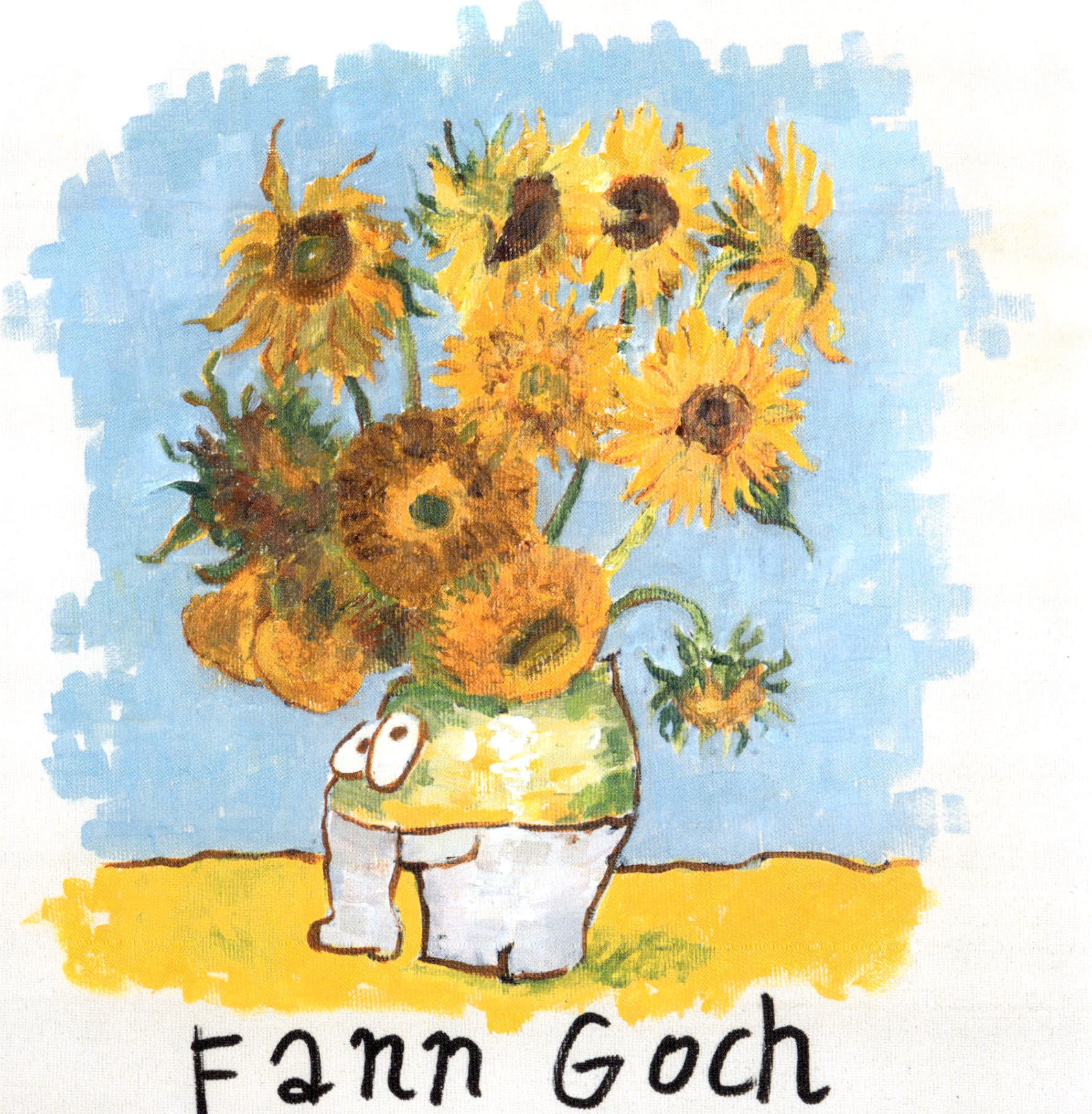
Fann Goch

An der Südseeküste
Nach Paul Gauguin, »Parau Api«, 1892

Paul Gauguin sah sich selbst als Opfer der Kritik und des Publikums. Vor ihrem Unverständnis floh er möglichst weit weg: in die Südsee. Steht der Ottifant hier für die Unschuld, die im Paradies nun mal zu herrschen hat? Oder für die Versuchung, der jeder paradiesische Zustand seit dem Garten Eden ausgesetzt war? Oder steht die graue Erscheinung für das Grauen der sogenannten Zivilisation, deren Segnungen dies farbenfrohe Leben am Ende nicht entgehen konnte?

Statt einer Antwort auf die Frage nach der ikonographischen Bedeutung zitiert Otto Waalkes einen alten Südseeinsulanerhäuptling, der einmal gesagt haben soll: »Erst wenn ihr das letzte Stückchen Strand mit eurem Beton zugebaut habt, werdet ihr erkennen, dass man Ottifanten nicht essen kann, jedenfalls nicht ohne Sauce.«

Paul Gauguin war ernüchtert, als er am Ziel seiner langen Seereise feststellen musste, dass die Unschuldsvermutung, die ihn 1891 nach Tahiti geführt hatte, mit der Realität wenig zu tun hatte. Ob das traditionelle polynesische Begrüßungslied* ihn getröstet hat?

»Dummasack, du Dummasack, verzieh dich!
Du Dummasack, du Dummasack, verzieh dich!
Du Dummasack, du Dummasack, hau lieber ab, hau lieber ab, verzieh dich!
Du Dummasack, du Dummasack, hau lieber ab, hau lieber ab, verzieh dich,
du nervst hier!«

---

* auf die Melodie von Miriam Makebas »Pata Pata« zu singen

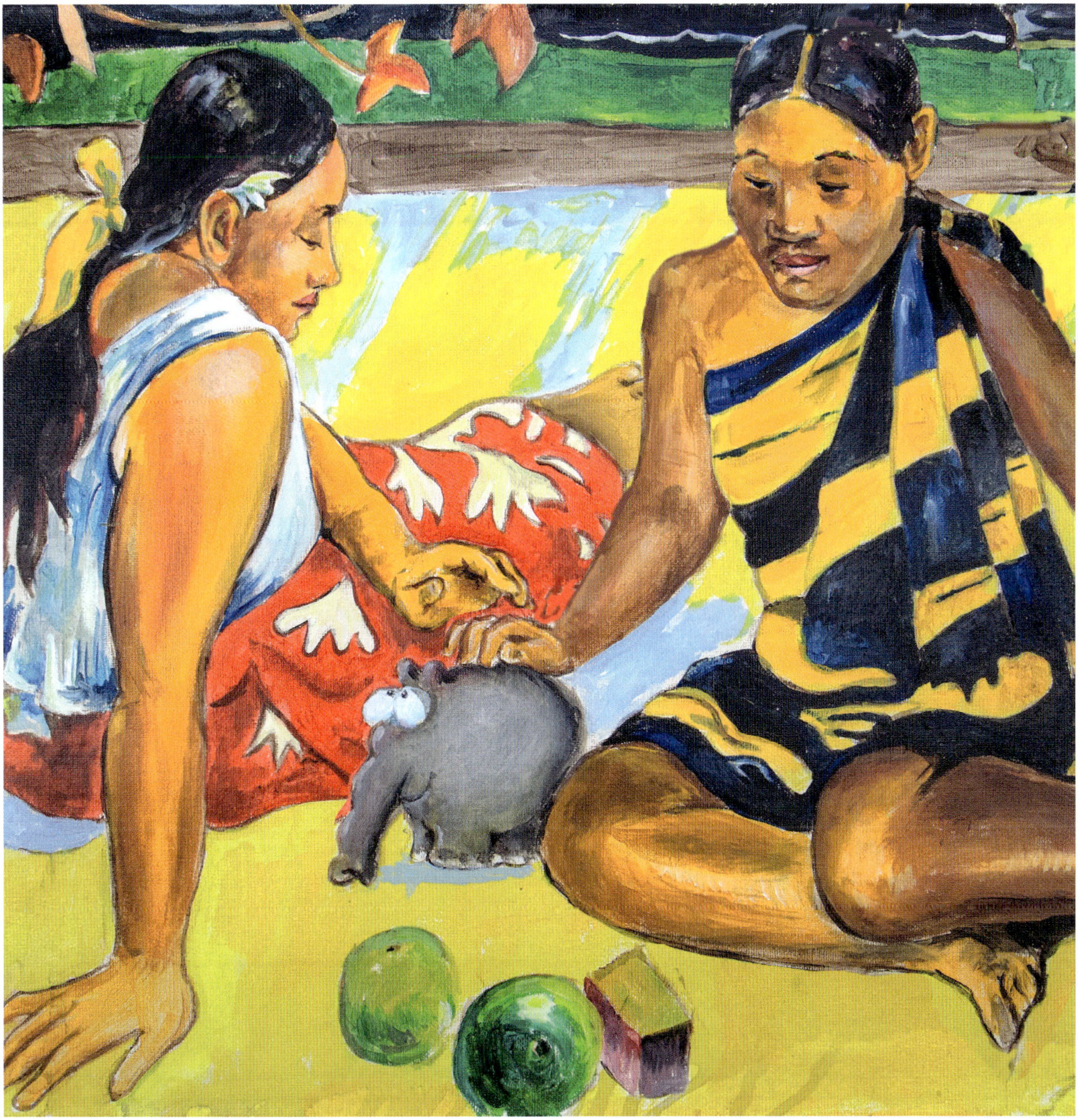

Ottifanteurs

Nach Henri de Toulouse-Lautrec, »Aristide Bruant«, 1892

Neben dem Ottifanten zieht sich der Schal wie ein roter Faden durch die abendländische Kunstgeschichte. Genauer gesagt, wie mehrere rote Fäden, denn aus einem ist bekanntlich kein roter Schal zu machen. Der Schal ist häufig als Sinnbild der Halsstarrigkeit oder als Ausweis von schalem Geschmack gedeutet worden; ist der Schal rot, kündet er von Kühnheit und Wagemut zumindest auf modischem Gebiet.

Henri de Toulouse-Lautrec, geboren im 19. Jahrhundert auf Schloss Toulouse bei Lautrec – oder umgekehrt – war ein kränklicher Mensch, dessen krankhafte Furcht vor grippalen Infekten und anderen Erkältungskrankheiten ihn zum Schalträger prädestinierte.

Seinen Lieblingsschal hat er viele Male gemalt und auf dem Totenbett demjenigen verkauft, der ihm nicht nur als der Würdigste, sondern auch als der Merkwürdigste erschien. So gelangte das gute Stück zunächst an den Chansonnier Aristide Bruant, der sein Markenzeichen dem vergessenen Berliner Bürgermeister Walter Momper mitbrachte. Momper verlor das gute Stück beim Tauziehen in Tauentzien an Otto Waalkes, der es in der Arena Aurich zum Stiereärgern missbrauchte. Dann verehrte er den Schal seinem treuen Ottifanten, und der machte damit auf der Reeperbahn Karriere: Im Musical »Der König der Möwen« trat er ausgerechnet als Aristide-Bruant-Imitator auf.

Solche Zufälle bezeichnet man als Treppenwitze der Kunstgeschichte. Unter einem Treppenwitz versteht man, wenn einem nach einer erregten Diskussion erst draußen auf der Treppe einfällt, dass man seinen roten Schal vergessen hat.

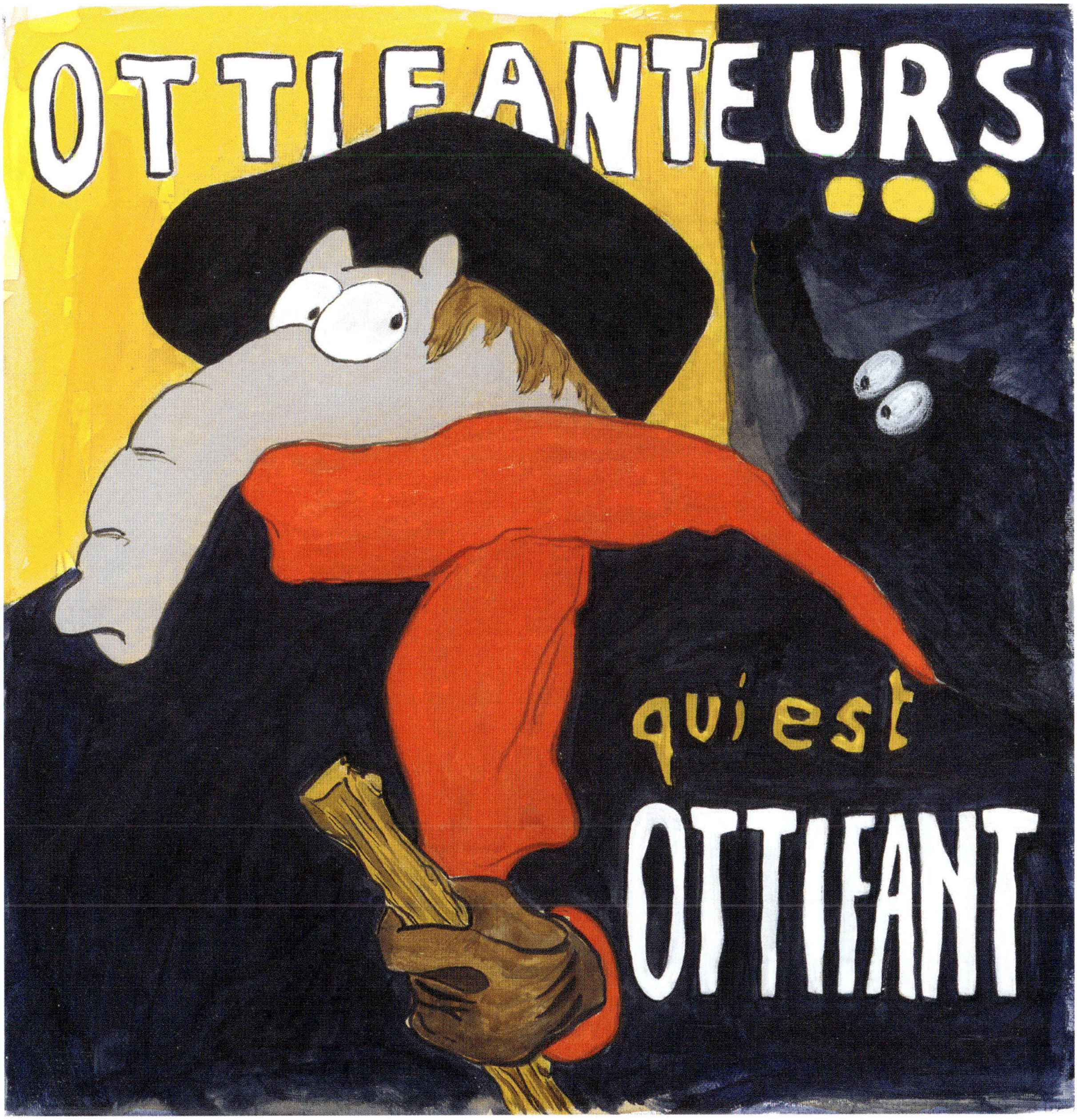
OTTIFANTEURS...
qui est
OTTIFANT

Gemischtes Obst

Nach Paul Cézanne, »Stillleben mit Äpfeln«, 1895

Den Maler Paul Cézanne verehren seine Bewunderer wie einen Heiligen. Er selbst fragte sich, ob die Kunst nicht eine Art Priesterstand sei und die Künstler sich entsprechend reinhalten müssten. Ein wenig erinnern seine ewigen Wiederholungen von Äpfeln und Birnen tatsächlich an die kirchliche Liturgie mit ihren Andachts- oder Bußübungen. Erstaunlich ist, dass er sein Leben lang so gut wie nichts dazulernte und auch im Alter noch dieselben Fehler machte: Wie man Objekte im Raum verteilt, ohne dass sie den Eindruck machen, gleich umzukippen oder runterzufallen, konnte und wollte er nicht begreifen.

Auch Cézannes Porträts sah man die Mühe an, die sie ihn gekostet hatten. Seinem Kunsthändler Vollard teilte er nach mehr als hundert Sitzungen mit, die Hemdbrust erscheine ihm nun »schon recht gelungen«. Man kann diese Hartnäckigkeit bewundern – die Menschen seiner Zeit taten das nicht. Cézannes Äpfel und Birnen wurden zum Skandal. Sehen so Äpfel und Birnen aus? Sie tun es, seit Paul Cézanne sie so malte. Picasso, Braque, Matisse und Derain verdanken ihm viel, und solche Nachwirkungen freuen Kunstgeschichtler immer ganz besonders.

Als Kollegen seinerzeit zu ihrer Meinung über Cézanne befragt wurden, versicherte einer, er sei sich ganz sicher, »dass ich nie in meinem Leben 6000 Franc ausgeben würde, um drei wollene Äpfel und einen dreckigen Teller zu kaufen«. Otto Waalkes hat noch etwas dazu gelegt. Und Cézannes Kritiker hätte die 6000 Franc vielleicht doch anlegen sollen: Ein ähnliches Stillleben wurde bereits 1999 für das Zehntausendfache der Summe verkauft, und zwar in Dollar.

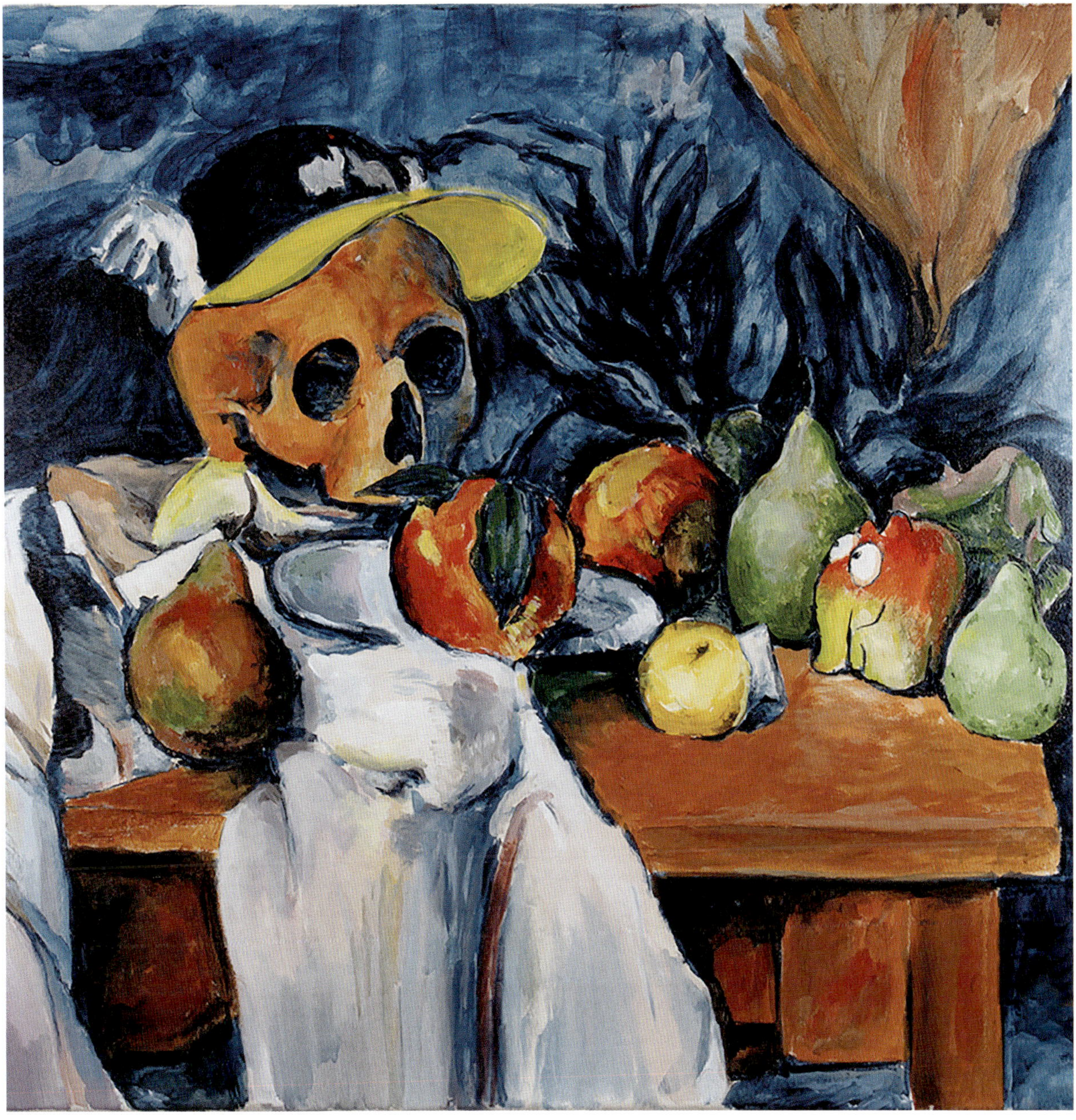

I had a Dream

Nach Henri Rousseau, »La Bohémienne endormie«, 1897

Der Dichter Guillaume Apollinaire schrieb dem malenden Zöllner Henri Rousseau einen poetischen Grabspruch, der mit den Versen endet:

»Lass unsere Koffer zollfrei durch die Pforte des Himmels,
Wir bringen dir Pinsel, Farben und Leinwand,
Damit du malest in der geheiligten Muße des wahren Lichts
Wie einst mein Bildnis:
Das Angesicht der Sterne.«

Rousseau war der berühmteste unter all denen, deren Malerei Wohlmeinende als »naiv« bezeichneten. In Frankreich nannte man einen Maler wie ihn etwas liebloser »peintre primitif«. Soll heißen: Er hatte keine Kunstakademie besucht, war also Autodidakt.

Das sah man Rousseaus Bildern auch an. Seine Figuren sind ungelenk, seine Perspektiven unbestimmt und seine Farben unverschämt bunt. Rousseau selbst war ungemein stolz auf seine Gemälde und duzte sogar Picasso: »Wir sind die zwei größten Maler der Epoche, du im ägyptischen Stil und ich im modernen.«

Picassos Antwort ist nicht überliefert. Doch die Kunstgeschichte hat Rousseau in gewisser Weise recht gegeben: Könnerschaft geriet nach und nach in Verruf, Originalität und Wiedererkennbarkeit wurden überschätzt, und eine Herangehensweise, die häufig so wirkte, als wäre dem Maler das Malen mehr oder minder lästig, triumphierte.

Rousseau kann man das noch nicht vorwerfen: Er wollte seine Träume durchaus realistisch darstellen, blieb damit aber zu seinem Glück weitgehend erfolglos.
Die eigenwillige Perspektive, das Nebeneinander der Gegenstände, der unbestimmte Lichteinfall und das Fehlen von Schatten geben seinen Bildern einen traumhaften Reiz. Da kann der Ottifant nur staunen.

Außerdem darf Rousseau als Mutmacher für all jene gelten, die nicht malen können und es trotzdem wollen.

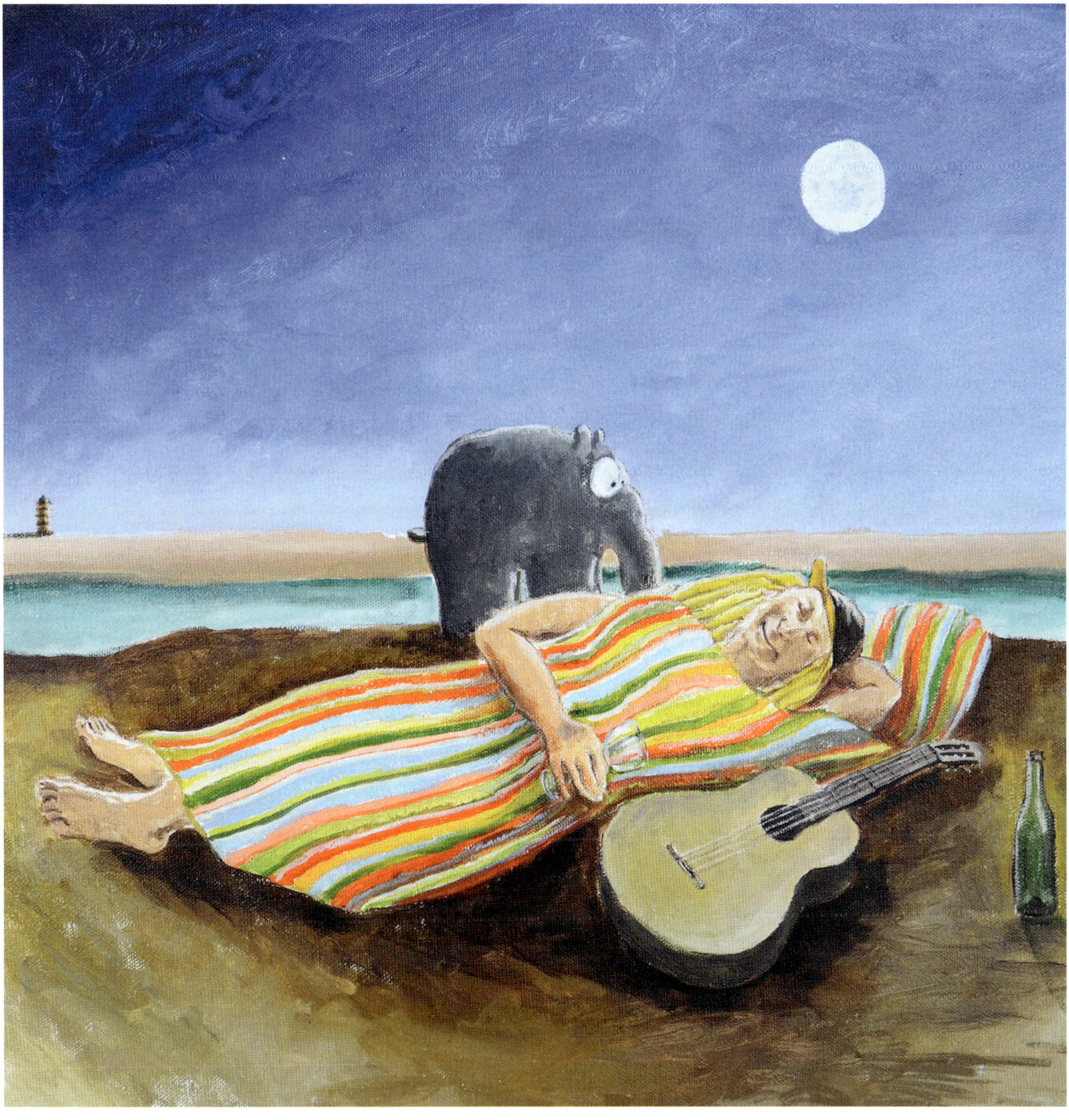

Bridge Over Silent Water

Nach Claude Monet, »Seerosen und japanische Brücke«, 1899

Am 13. November 1872 ist Claude Monet früh aufgestanden und hat den Sonnenaufgang über der Seine bei Le Havre gemalt. Damit hat er den Impressionismus zwar nicht allein erfunden, doch es war sein Gemälde, »L'impression – soleil levant«, das der Bewegung zu ihrem Namen verhalf. Nicht nur der Malerkollege Edgar Degas fühlte sich geblendet von so viel Licht und bemerkte säuerlich, der verehrungswürdige Ingres habe seine Staffelei schließlich auch nicht im Freien aufgestellt. Monet konnte nicht anders, kein Motiv war vor ihm sicher, und manchmal kam er selbst sich vor wie ein Hamster im Rad.

Reißenden Absatz fanden die Bilder der Impressionisten anfangs nicht. Monet war zeitweise so verzweifelt, dass er an Selbstmord dachte. Das änderte sich bald. Nach seiner ersten Einzelausstellung in London war Monet saniert und konnte sich Haus und Garten in Giverny an der Grenze zur Normandie leisten. Und in diesem Garten im japanischen Stil malte er bis zu seinem Tod im Jahr 1926 seine beliebtesten Bilder.

Auch die fanden nur scheinbar Gnade vor den Stil-Augen Degas'. »Ich habe es Monet selbst schon gesagt, gar nicht so schlecht …« Dann kommt das Vernichtungsurteil: »Niedlich. Wie kleine Gänseblümchen.«

Bös' untertrieben, denn Monet malte am liebsten Seerosen, makellos, da ein Ottifant die Blüten zuvor durch kurzes Eintauchen vom Staub befreit hatte. Etwa 250 Bilder sind noch erhalten, wie viele der selbstkritische Maler selbst zerstört hatte, bleibt ungezählt. Vielleicht wäre er gnädiger verfahren, hätte er gewusst, dass eines seiner Seerosenbilder einem Bieter kürzlich 70 Millionen Dollar wert war.

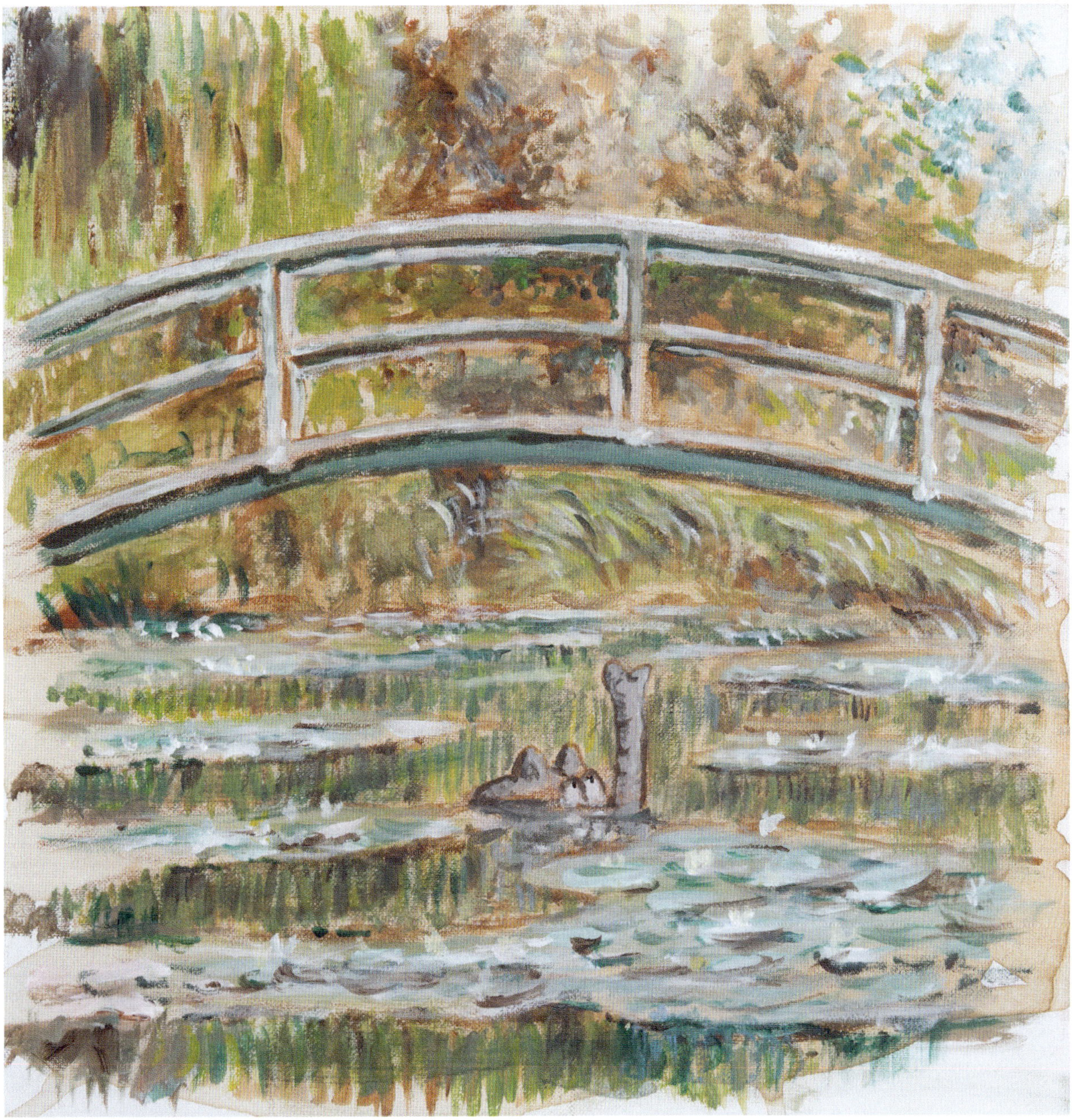

Adeles Goldstück

Nach Gustav Klimt, »Porträt Adele Bloch-Bauer«, 1903–07

Die Kunst am Anfang des vorigen Jahrhunderts wurde im deutschmalenden Raum meist »Jugendstil« genannt. Nicht, dass die Vertreter dieser Richtung besonders jung waren – das Jahrhundert war es zwar, doch die Bezeichnung ging auf eine Zeitschrift zurück, die sich einfach »Jugend« nannte. Ein vielversprechender Name, denn man konnte jetzt zum Kiosk gehen und sich die »Jugend« kaufen.

Der österreichische Maler Gustav Klimt war schon über vierzig, als er vom Ehemann den Auftrag erhielt, Adele Bloch-Bauer zu porträtieren, die damals 22 war. Klimt hatte sie schon früher einmal als »Judith« gemalt. Damals war sie noch seine Geliebte und leichter bekleidet.

Passend zu ihrer Ausstrahlung war Klimt beim zweiten Versuch mitten in seiner goldenen Periode. Hätte Picasso Adele gemalt, wäre sie entweder bläulich oder rosa geworden – Gold stand ihr besser.

Ihre Schönheit hat dennoch etwas Leidendes, die Kettenraucherin litt nämlich chronisch unter Kopfschmerzen. Vielleicht liegt es daran, dass sie die Hände so windet, als wollte die linke die rechte davon abhalten, nach der nächsten Zigarette zu greifen.

In Otto Waalkes' Neufassung hat der Maler ihr einen Ottifanten in die Hände gedrückt, und prompt wirkt auch der Gesichtsausdruck nicht mehr ganz so schmerzensreich. Nein, Adele scheint mit ihrem neuen rauchgrauen Liebling durchaus zufrieden zu sein.

Nachdem der Maler und sein Modell längst verstorben waren, gab es einen Streit um dies Bild, der vor verschiedenen Gerichten ausgetragen wurde. Der Fall zog sich lang hin – immerhin ging es um eines der teuersten Gemälde der Welt – und ist viel zu verwickelt, um ihn hier nachzuerzählen. Zum Glück gibt es einen Spielfilm, der die Geschichte von Gustav Klimts »Frau in Gold« erfreulich vereinfacht. Die Hauptfigur ist Adeles Nichte Maria Altmann, sie raucht im Film übrigens nicht.

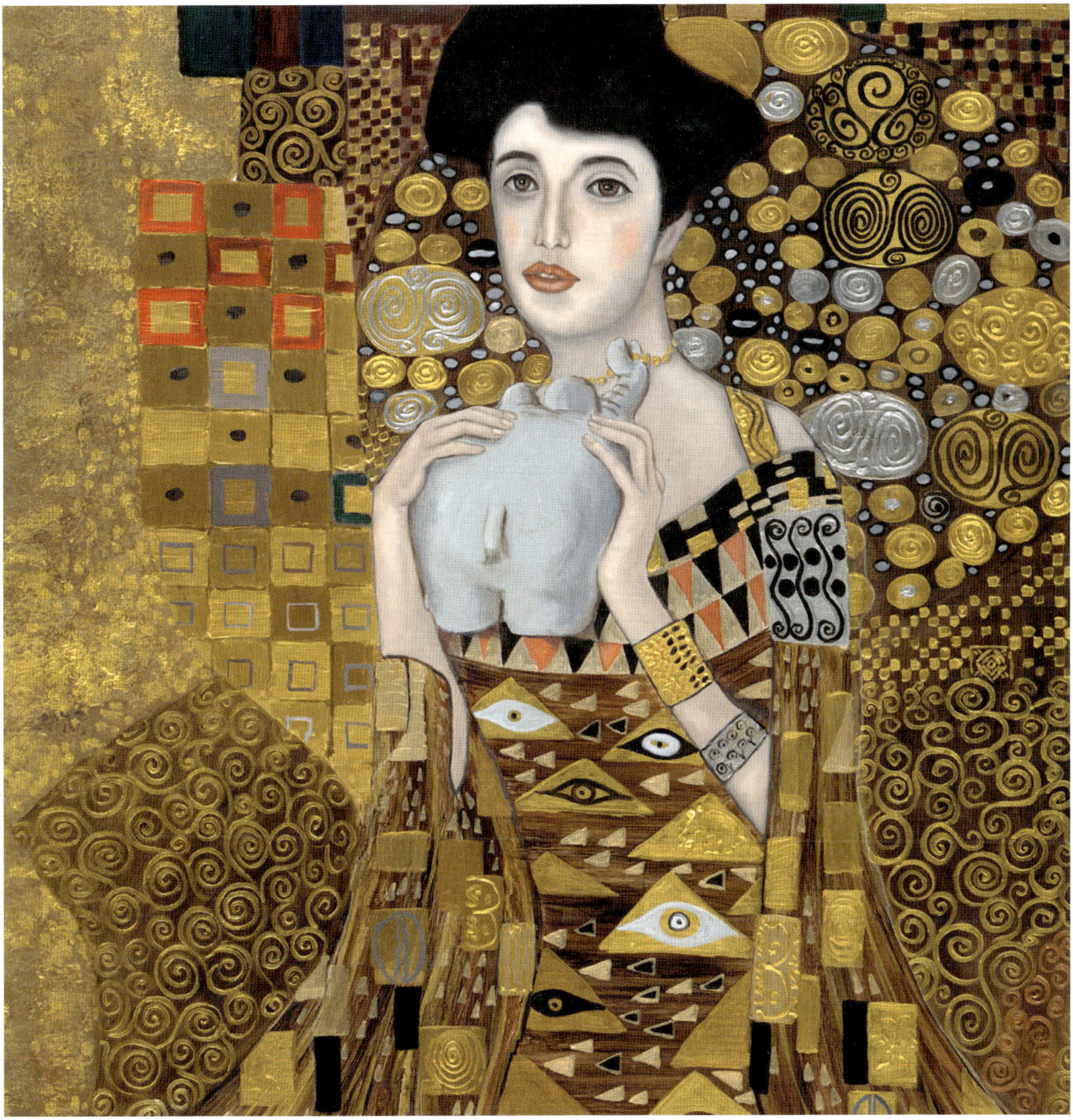

Der letzte Schrei
Nach Edvard Munch, »Der Schrei«, 1910

Warum sind manche Gemälde so viel berühmter als andere? Optik, Technik, Thematik – was ist entscheidend für ihre Popularität? Der Mann mit dem Goldhelm, die Frau mit dem gewissen Lächeln und hier »Der Schrei«. Dabei ist der Mann mit dem Helm vermutlich kein rechter Rembrandt, und da Vincis »Mona Lisa« wurde erst so berühmt, nachdem sie 1911 aus dem Louvre gestohlen und gut zwei Jahre später in Italien unter der Matratze des Diebes wiedergefunden worden war.

Munch hat vier Versionen des Motivs gemalt, der Urschrei wurde vor 30 Jahren gestohlen. Der Dieb, der nichts weiter als eine Trittleiter gebraucht hatte, hinterließ eine Postkarte mit der artigen Beschriftung: »Vielen Dank für die schlechte Bewachung.« Zehn Jahre später marschierten drei Diebe am helllichten Tag in die Nationalgalerie zu Oslo, nahmen das Bild von der Wand und verließen unbehelligt von Besuchern das Museum.

»Der Schrei« war aber schon vorher berühmt und für die Norweger eine Art Nationalheiligtum. Das verdankt er einer Interpretation, die wahrscheinlich nicht ganz mit der Absicht des Malers übereinstimmt.

Als Aufschrei der Seele angesichts der Qual der Kreatur an sich, so deuten die meisten Betrachter das Bild. Munch jedoch bestand darauf, dass er hier den »Aufschrei der Natur« zu malen versucht habe, und eben den könne der Mensch nicht ertragen, weshalb er sich voll Entsetzen die Ohren zuhalte. Der Dargestellte schreit also gar nicht selbst! Doch was nervt ihn an der Stimme der Natur? Vielleicht die Frequenz:

»Am Brummen vor dem Ohre, da hab ich sie erkannt
die Stimme, die sonore, bin zu spät weggerannt
Ich kann sie nicht ertragen, sie klingt so elend grell.
Gleich platzt mir erst der Kragen, und dann das
Trommelfell …«

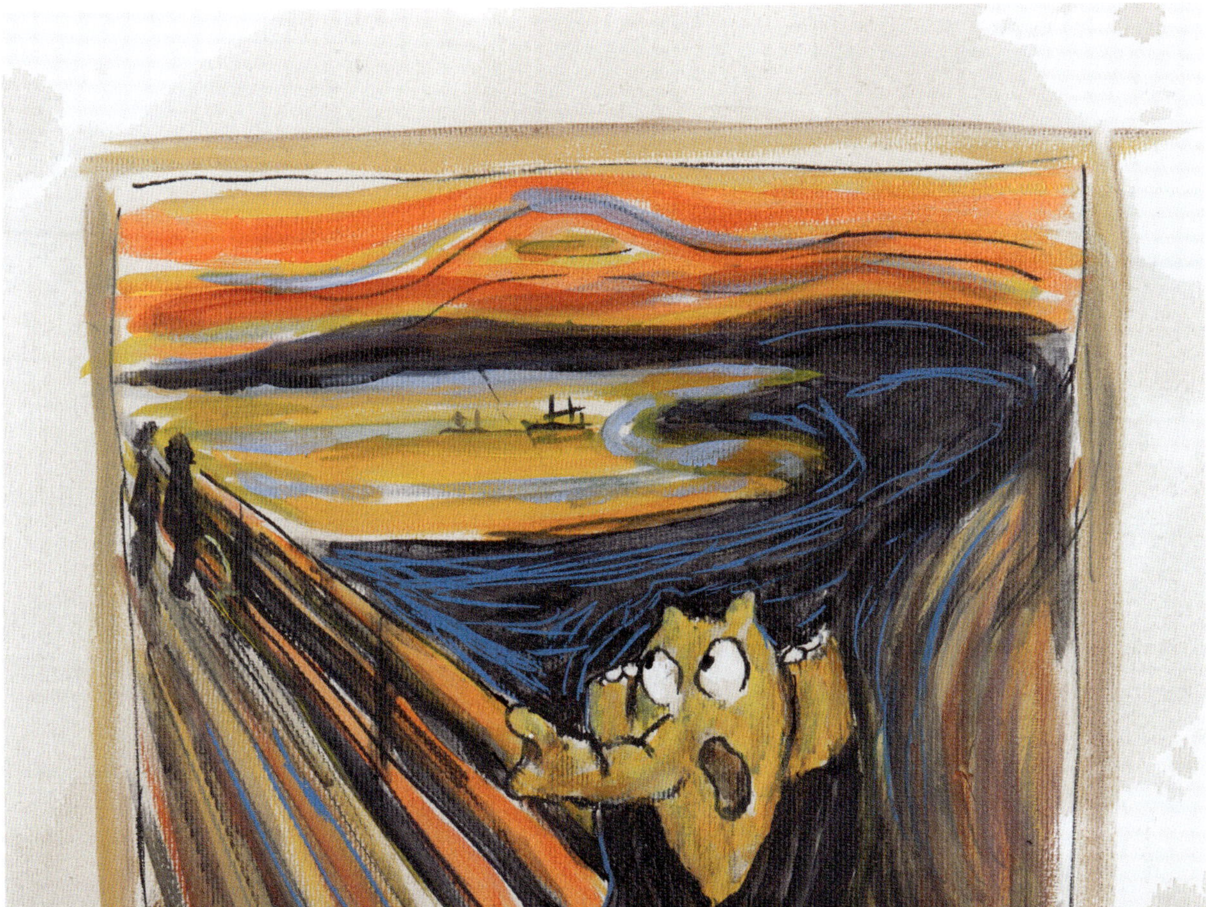
MUNSCH

An der Ostseeküste
Nach Max Liebermann, »Reiter am Strand«, 1911

»Natürlich ist die Korrektheit eine schöne Sache, aber sie ist nicht das Wesen der Kunst.« Insofern hätte es Max Liebermann in Ordnung gefunden, dass in Otto Waalkes' Gesamtwerk eine gewisse Willkür herrscht, und er sich die Freiheit gönnt, seine Ottifanten an allen möglichen Orten in allen möglichen Größen auftauchen zu lassen.

Lässt nun die Größe auf ihr jeweiliges Alter schließen? Fraglich ist, ob Ottifanten wie andere Dickhäuter aufwachsen und ihre Endgröße erst im Erwachsenenalter erreichen. Werden denn Ottifanten je erwachsen? »Unwahrscheinlich«, meint ihr Schöpfer.

Manche reichen dem Menschen kaum bis zum Knöchel, einige bis zum Knie, manche sind klein wie Kätzchen, andere fast so groß wie Linienschiffe.

Dass alles Glück dieser Erde auf dem Rücken der Pferde liege, ist ein zum Glück nicht allzu weit verbreiteter Irrtum. Doch selbst Pferdefeinde und Reiterverächter werden zugeben müssen, dass man Glücksgefühlen recht nahekommen kann, wenn man, in aller Herrgottsfrühe am besten, die Wasserkante hinauf- oder hinuntertrabt. Und wenn dazu noch zwei Ottifanten zu Füßen des edlen Braunen herumtollen, dann mag das Glück fast vollkommen sein.

Der Meister der Pferdemalerei war übrigens George Stubbs, der regelrechte Porträts teurer Vollblüter anfertigte.

Auch Max Liebermann bekam es schon als Malschüler mit Pferden zu tun. Einmal musste er sogar einen Kadaver zeichnen. Der Gestank war entsetzlich, Liebermann war rasch fertig, »übergab die Studie – und mich auch«. Seitdem hatte er zu Pferden ein erbrochenes Verhältnis.

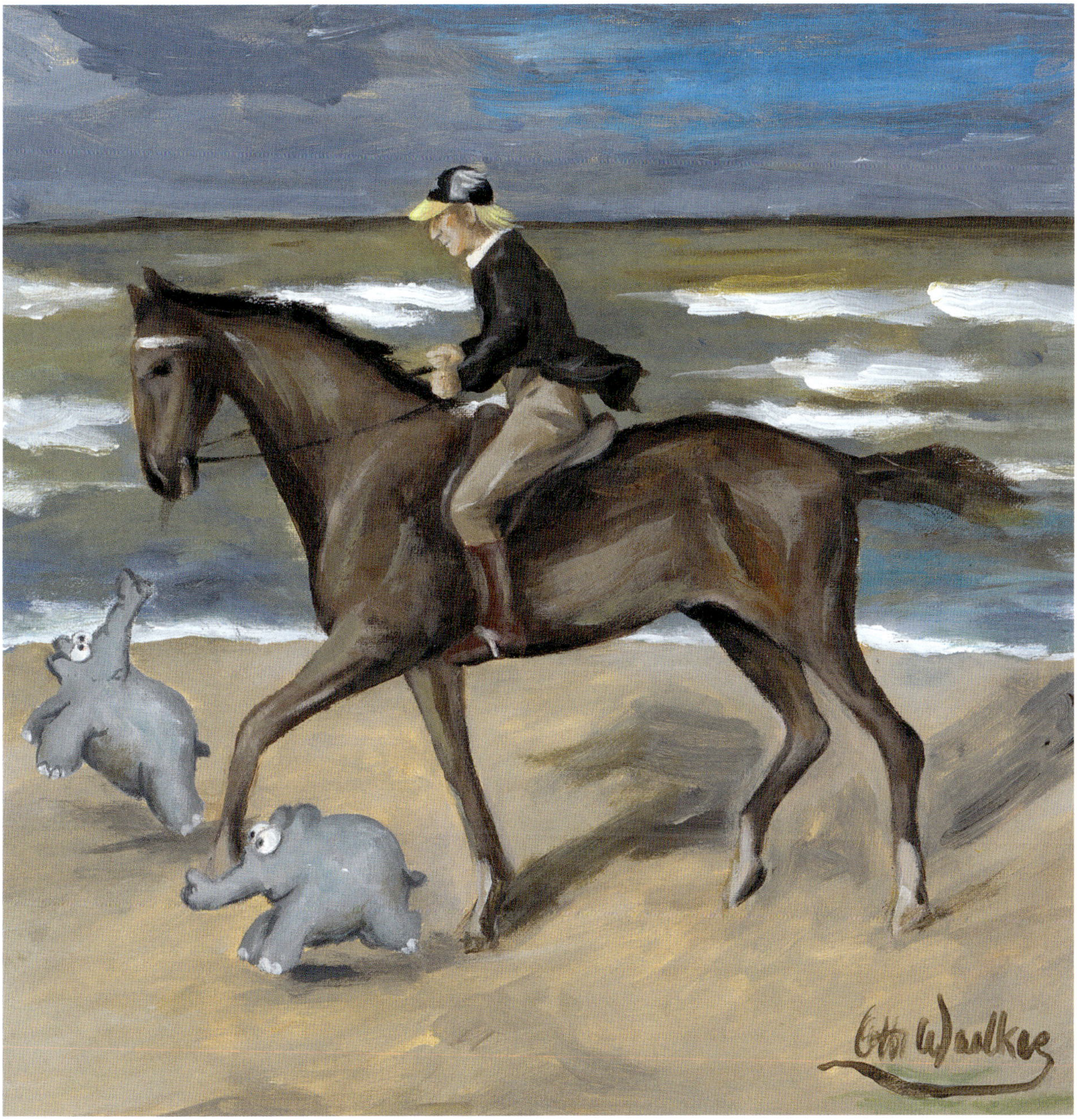
Otto Waalkes

Wolfis Spielsachen

Nach August Macke, »Walterchens Spielsachen«, 1912

Das Ehepaar Macke, das hatte zwei Söhne:
Der eine hieß Wolfgang, der andere Walter.
Man beschenkte sie schon im zartesten Alter,
auf dass man die beiden von früh auf verwöhne.

Walterchens Spielzeug hat Papi gemalt:
Ein Meerschwein, ein Häschen, und für alle Fälle
ein russisches Püppchen und zwei bunte Bälle.
Das alles, damit unser Walterchen strahlt.

Der Wolfgang hat einen speziellen Geschmack:
Meerschwein und Häschen sind gar nicht sein Schnack.
Er mag weder Gold noch Brillanten.

Sein friesisches Püppchen, das mag Wolfgang sehr;
das regelt für ihn den Durchgangsverkehr
als Herr über drei Ottifanten.

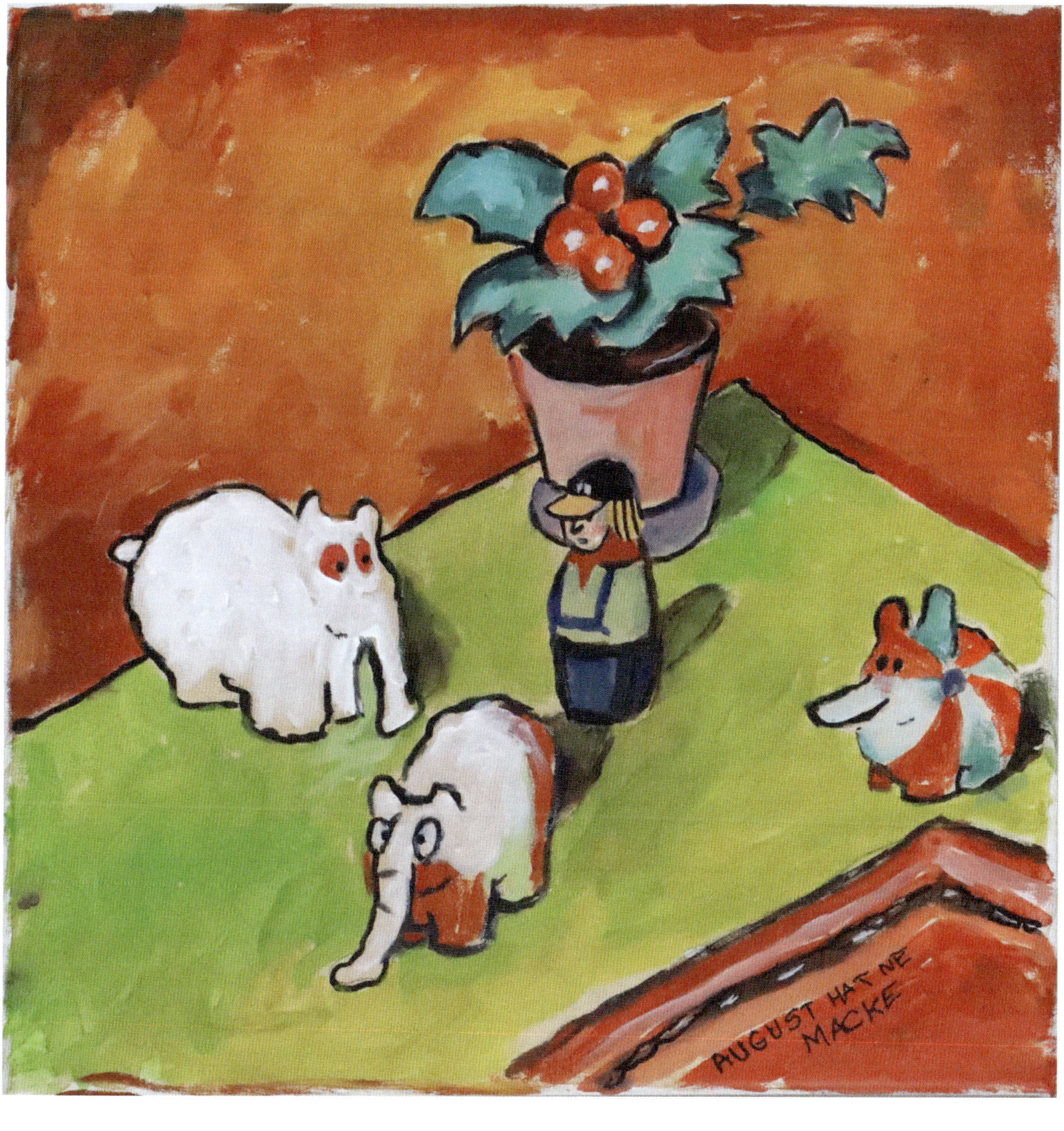
AUGUST HAT NE
MACKE

Sweet Dreams

Nach Franz Marc, »Weiße Katze«, 1912

Bei Franz Marc herrscht oft Gedränge.
Offenbar liebt er das enge,
traute Beieinandersein
und klemmt möglichst viel hinein.

Pferde, Tiger, Katz und Hund:
Bei Franz Marc geht's tierisch rund.
Und wen kümmert's, welche Farben
diese vier gewöhnlich haben?

Tiger, Katzen, Hunde, Pferde
gibt's so nicht auf dieser Erde.
Katzen, Hunde, Pferde, Tiger –
Marc sieht sie halt viel farbiger.

Hunde, Tiger, Pferde, Katzen,
Hufe, Pfoten, Krallen, Tatzen.
Nirgends leuchten sie so stark
wie bei wem wohl? Bei Franz Marc.

Anders als wir ihn sonst kannten,
seh'n wir hier den Ottifanten:
Statt in schlichtem Einheitsgrau
ruht er hier in Himmelblau.

Und er träumt den größten Quark –
na, von wem wohl? Von Franz Marc.

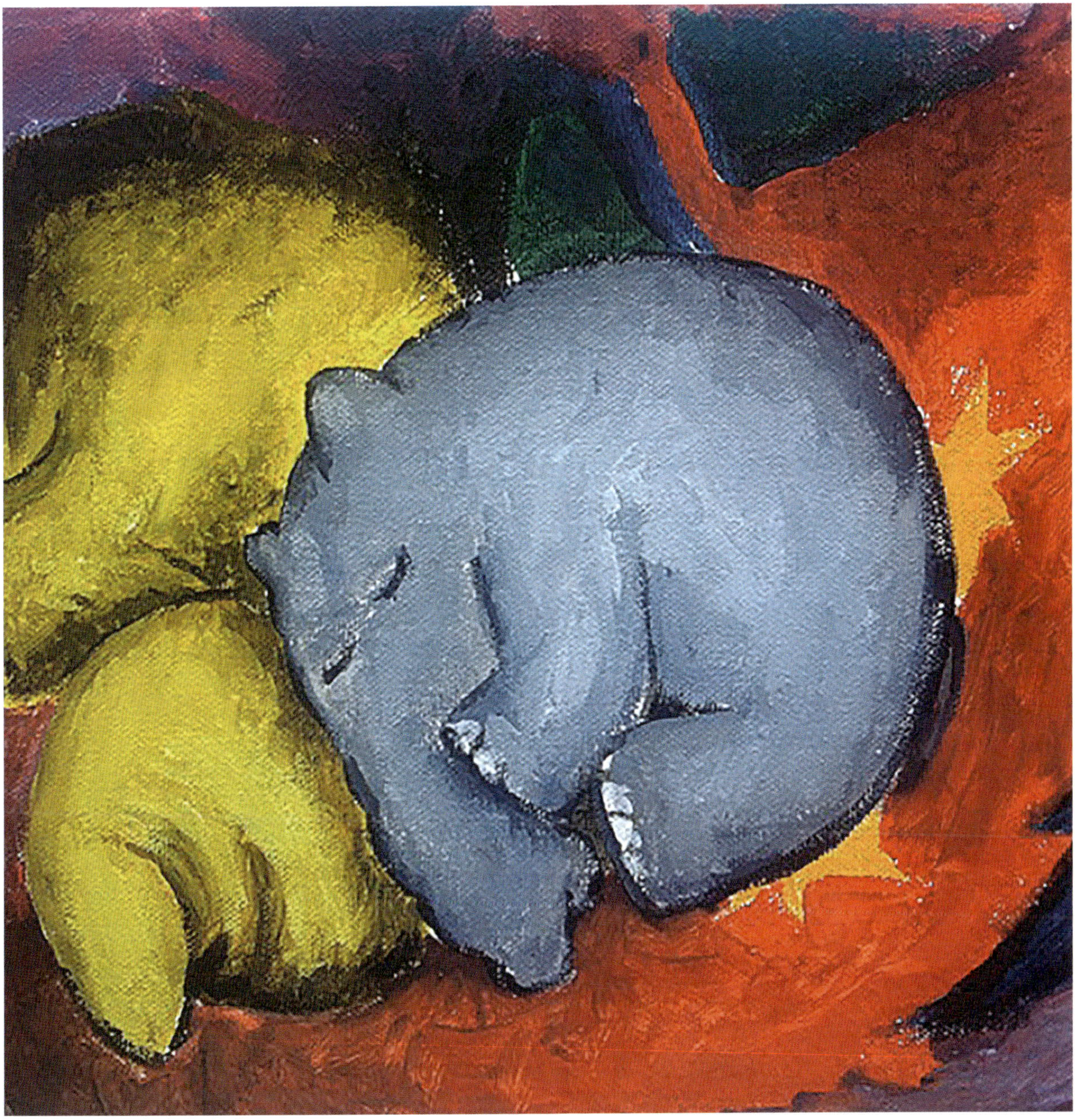

Paint It Black

Nach Kasimir Malewitsch, »Das schwarze Quadrat«, 1915

Auch in der bildenden Kunst gibt es so etwas wie Nonsens: die abstrakte Malerei nämlich, die allerdings den Nachteil hat, selten nur komisch gemeint zu sein. Die Grenzen sind da fließend. Der amerikanische Maler und Zeichner Ad Reinhardt wurde berühmt, als er genau die minimalistisch abstrakten Bilder malte, über die er sich als Karikaturist zuvor lustig gemacht hatte. Ab 1953 beschränkte sich Reinhardt dabei auf die Farbe Schwarz. Und er war nicht der Erste, der auf diese Idee kam. Der englische Gelehrte Robert Fludd hatte zu Beginn des 17. Jahrhunderts versucht, die vollkommene Finsternis abzubilden, indem er schlicht eine schwarze Seite in seinen Text einrückte.

Kasimir Malewitsch malte sein epochemachendes »Schwarzes Quadrat« erst 1912. Dreißig Jahre vor Malewitsch stellte der Franzose Paul Bilhaud ein komplett schwarzes Viereck aus unter dem Titel »Combat de nègres dans un tunnel«. Sein Freund, der Humorist Alphonse Allais, veröffentlichte wiederum zehn Jahre später dasselbe Motiv unter dem verlängerten Titel: »Combat de nègres dans une cave, pendant la nuit«. Vom Kunstmagazin »Monopol« etwas frei übersetzt als »Kampf von Schwarzen in einem Keller, in der Nacht«! Und als »rassistisch« verdammt. Dass Allais zuvor auch eine »Erstkommunion anämischer, junger Mädchen im Schnee« Weiß in Weiß gemalt hatte, nutzte ihm nichts. Ein Scherz, der in Otto Waalkes' ostfriesischer Nationalflagge wieder auftauchte: »Weißer Adler auf weißem Grund«.

Malewitsch verdankte sein Quadrat übrigens einem Zufall: Eigentlich wollte er einen Ottifanten abbilden, und da er den misslungen fand, versuchte er, die Figur zu schwärzen – teilweise vergebens.

Sitzende Frau mit Kuscheltier

Nach Egon Schiele, »Sitzende«, 1917

Egon Schieles Figuren waren meist Abbilder des Jammers. Dass die bei wohlhabenden Sammlern so beliebt sind, legt den Verdacht nahe, dass sie das schlechte Gewissen, das sie ihres Reichtums wegen haben, durch den Ankauf besonders freudloser Kunst beruhigen wollen.

Dabei ist es nur eine verbreitete Legende, dass große Kunst und große Leiden zusammengehören wie Genie und Blödsinn oder Frauen und Ottifanten. Über diese Affinitäten ist viel geschrieben worden – zumindest über die beiden ersten, die letzte wird gern totgeschwiegen. Auch hier steht kein Wort der Erklärung. Stattdessen bloß das Gedicht:

Wie sagte schon der alte Kant?
»Zum Weib gehört der Ottifant.«
Und fragte wer Herrn Kant: Wieso?
Schickte ihn Kant zu Diderot.
Dieser beschied den Frager smart:
»Das weiß allein Monsieur Descartes.«
Descartes verwies nun auf Voltaire:
»Wenn's einer weiß, dann ja wohl der.«
Doch von Voltaire ging's zu Rousseau,
Der wusste hundertpro, wieso
der Ottifant zum Weib gehört:
»Das hat ja nicht mal Kant gestört.«

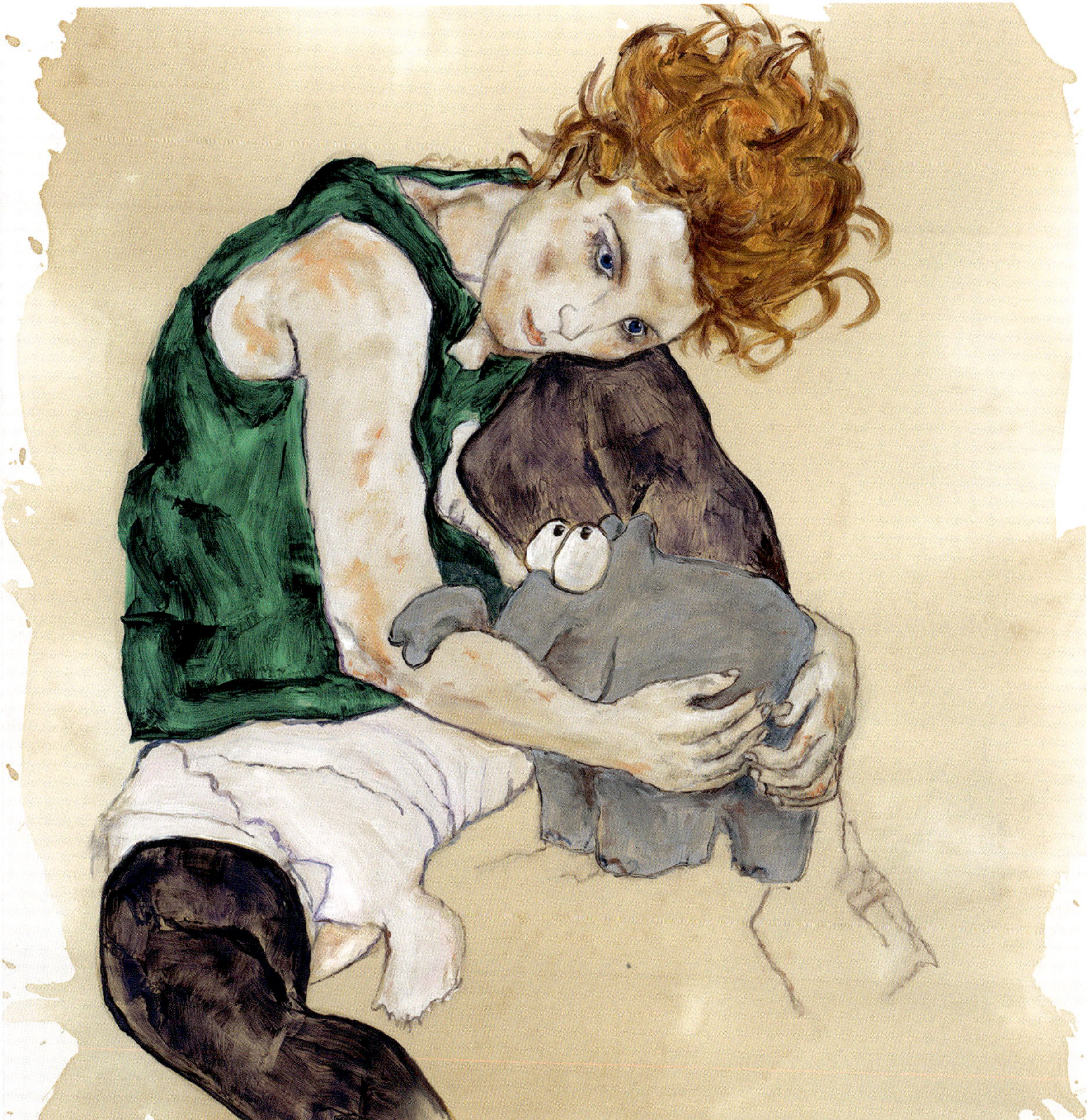

Halbfigur

Nach Piet Mondrian,
»Komposition in Rot, Blau, Gelb und Schwarz«,
1921

Piet Mondrian war ein merkwürdiger Mann – das fängt bei seinem Namen an, der anagrammatisch sein Programm beinhaltet: »I paint modern.« Er hätte sich also ebenso gut Anton de Primi nennen können. Wenn Picasso der größte Maler der Moderne war, müsste man Mondrian den größten Modernisierer, der auch malte, nennen. Mondrian war ein Neuerer, ohne Gnade, aber auch ohne Dünkel. So bewunderte er neben Picasso auch Walt Disneys Schneewittchen– ob Schneewittchen oder Picasso ihrerseits Mondrian bewunderten, ist eher fraglich. Zumindest im Ansatz konnte Picasso mit den Vierecken des Holländers genauso wenig anfangen wie mit dessen frommer Gesinnung. Reine Abstraktion gab es für den Spanier gar nicht. Für Picasso war jedes Zeichen auf einer Fläche gleichbedeutend mit einer Figur.

Auch Mondrian hatte mit Figürlichem begonnen. Frühe Proben seiner Ottifanten schickte Mondrian an den Chef-Esoteriker und Waldorf-Schulmeister Rudolf Steiner, der seinen Verehrer nicht einmal einer Antwort würdigte. Prompt entdeckte der Beleidigte kurz nach dem Ersten Weltkrieg – Mondrian war schon fast fünfzig und immer noch nicht verheiratet – seine wahre Liebe: etwas, das Steiner nun partout nicht leiden konnte: den rechten Winkel.

Und was vorher blass und wirr geblieben war, kam endlich in Ordnung, wobei Mondrian Wert darauf legte, die schwarzen Trennungslinien zwischen seinen Vierecken zu ziehen, ohne ein Lineal zu benutzen. Tritt man nah genug an seine Bilder heran, sieht man das auch. Erst kürzlich hat man entdeckt, dass eins von Mondrians Gemälden falsch herum in einem Düsseldorfer Museum hing und das seit Jahrzehnten. Möglich, dass der Maler selbst mit dieser Variante zufrieden gewesen wäre. Einen halben Ottifanten hätte Piet Mondrian in seinem Spätwerk mit Sicherheit nicht mehr geduldet.

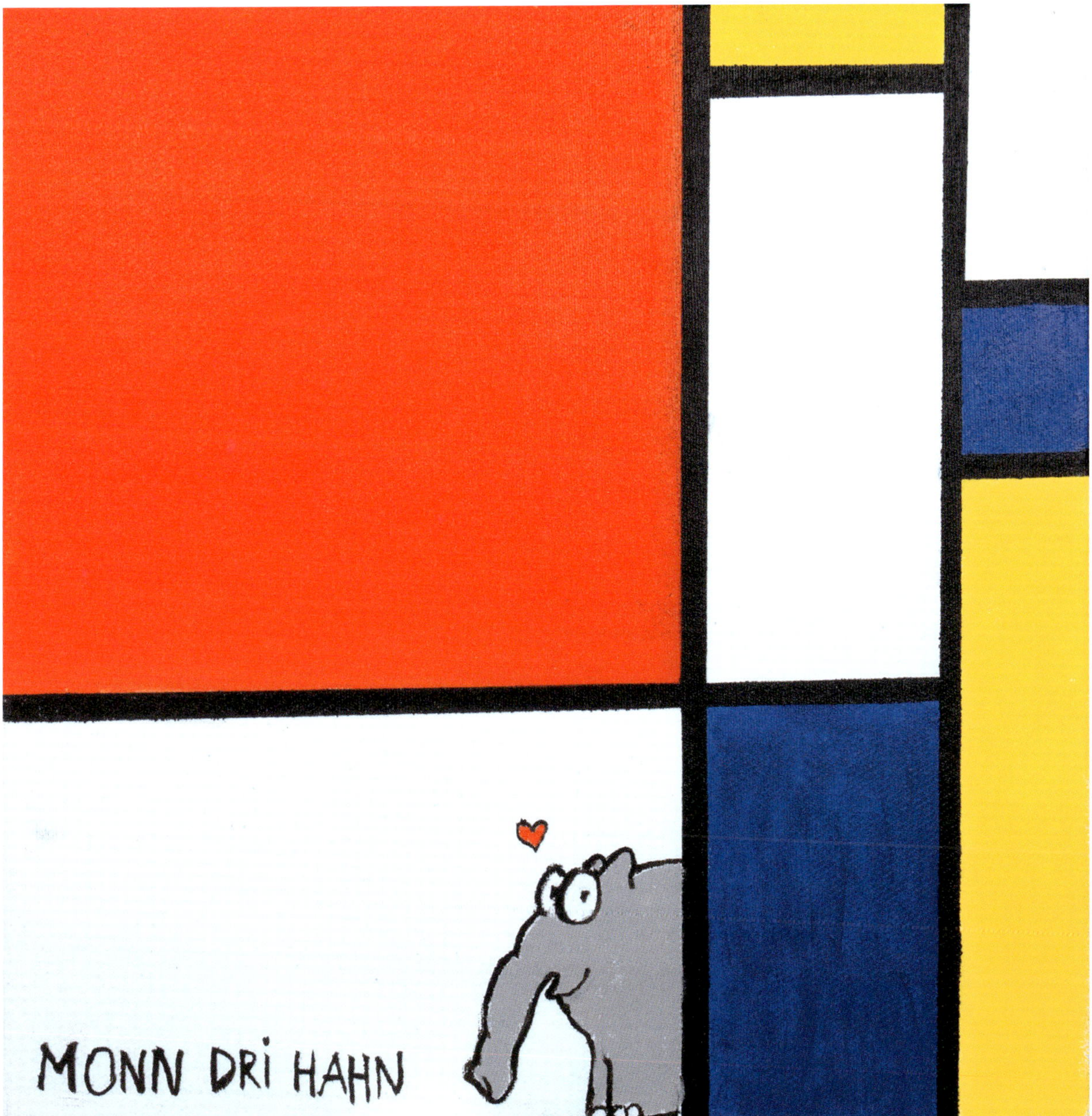
MONN DRi HAHN

Der Goldottifant

Nach Paul Klee, »Der Goldfisch«, 1925

Der Schweizer Paul Klee war eine Dreifachbegabung, schon als Knabe zeichnete er, schrieb Gedichte und spielte ausgezeichnet Geige. In seinem Werk »Die Zwitschermaschine« kombinierte er die Künste und bewies Sinn für Komik. Während des Ersten Weltkriegs bemalte er Flugzeuge mit Tarnfarben. So entschied er sich für die bildende Kunst.

Seine Bilder strahlen im Vergleich zu anderen Meistern der klassischen Moderne tatsächlich eine gewisse Heiterkeit aus, da sie häufig etwas Wiedererkennbares beinhalten. Bei dem Wort »beinhalten« muss man unwillkürlich an eine Beinhaltung denken, wie zum Beispiel den Spagat zwischen abstrakter und gegenständlicher Kunst, der Paul Klee mal besser, mal weniger gut gelungen ist.

Nach Meinung des Kollegen George Grosz eher gar nicht: »Paul Klee häkelte am Biedermeiernähtisch zarte Jungmädchenhandarbeiten.« Damit wurde Klee für lange Zeit zum Liebling aller Kunsterzieherinnen. Deren erklärtes Lieblingsbild, der »Goldene Fisch«, wurde 1977 von einem Neurotiker mit Schwefelsäure attackiert. Ihm missfiel womöglich, dass sich der Fisch offenbar aus seinem Goldfischglas in die Tiefsee verirrt hat, wo sich noch andere Wesen mit merkwürdigen Namen tummeln. In diesen düsteren Bereichen gibt es sogar Fische, die ihre eigene Laterne vor sich hertragen. Auch Maulstachler, Dornrücken und Gespensterfische treiben sich dort herum. In diesen Tiefen dürfte sich auch der Goldige Ottifantenrüssler wohlfühlen.

Warum andere Fische immerzu so missmutig dreinschauen, bleibt wohl eines der Rätsel der Evolution.

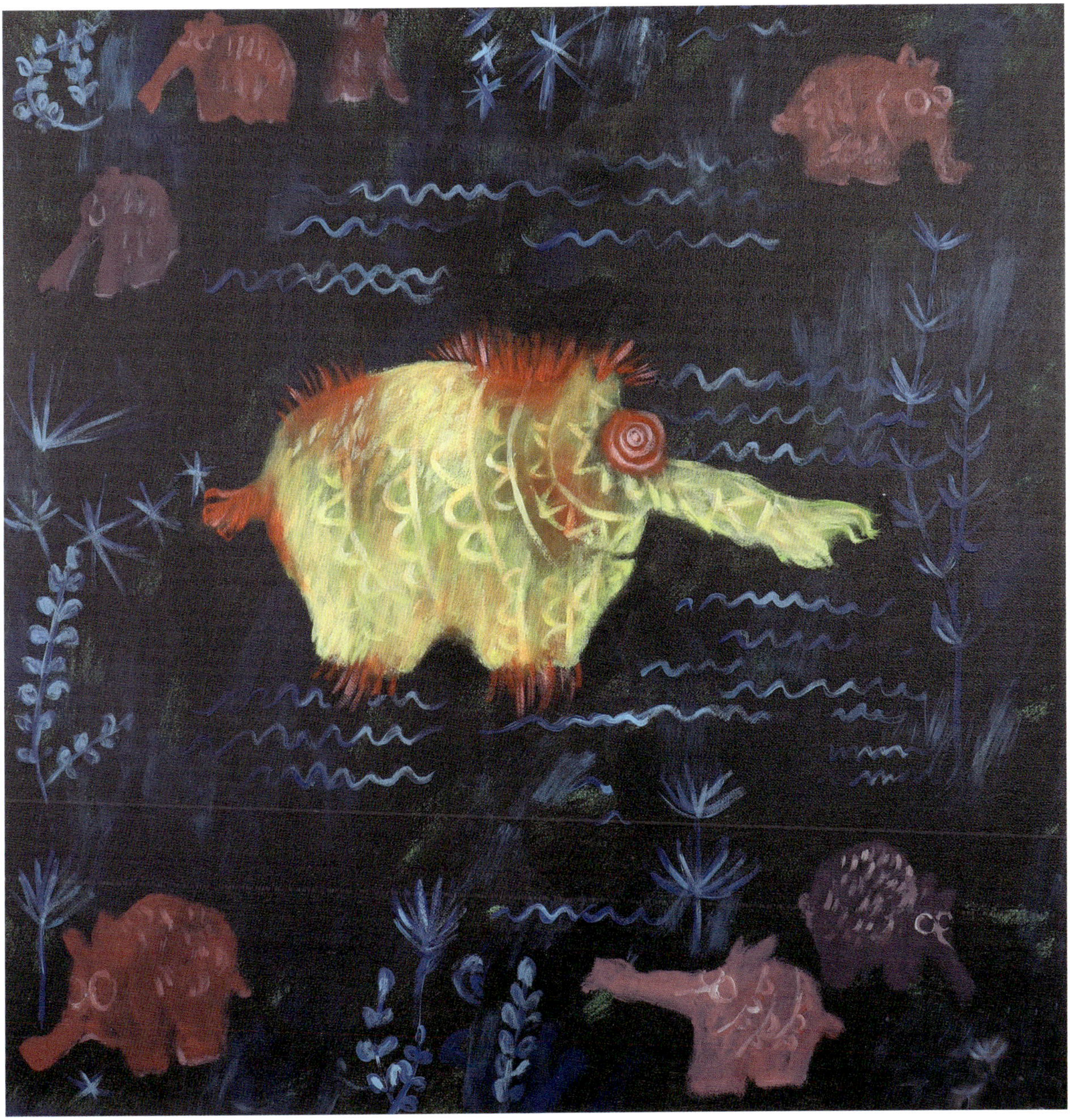

Muttis Liebling

Nach Tamara de Lempicka, »La dormeuse«, 1930

Leicht bekleidete Frauen mit Tieren sind in der Tafelmalerei nichts Ungewöhnliches: Am Anfang war es die Schlange, der Eva nicht widerstand, weder bei Cranach noch bei Tizian, dann kam Ledas Schwan; Leonardo fing damit an, Rubens und viele andere folgten seinem Motiv. Rainer Maria Rilke hat prompt ein Sonett zum Thema Leda verfasst, das mit den Worten anhebt:
»Als ihn der Gott in seiner Not betrat, / erschrak er fast, den Schwan so schön zu finden«.
Klingt eher, als habe Zeus das gleichnamige Wirtshaus »Zum Schwan« betreten.

Im Rokoko waren es Schoßhündchen wie bei Fragonard und Boucher, später oft Katzen, so bei Pechstein und Picasso. Frida Kahlo umgab sich mit einer ganzen Menagerie, im Leben wie auf ihren Selbstporträts.

Hier sehen wir ein weiteres Beispiel für den engen Zusammenhang zwischen Frauen und Ottifanten, und diesmal sogar ein sehr heimeliges. Waalkes hat der mondänen Schönen den Ottifanten in den Arm gelegt, der ihr wohl im Traum nicht eingefallen wäre. Zu Tamara de Lempicka hätten Windhunde, Geparden oder ähnlich dekorative Tierchen besser gepasst. »Art déco« nannte sich die Kunstrichtung, in der diese Diva in dekorativen Sportwagen unterwegs war.

Die Kuscheltier-Menagerie um diesen Ottifanten bereichert zu haben rechtfertigt der Künstler damit, dass er sich »nichts Unschuldigeres vorstellen« könne, »als Ottifanten – allenfalls noch Schmetterlinge und Spitzmäuse – aber die wollen einfach nicht stillhalten«.

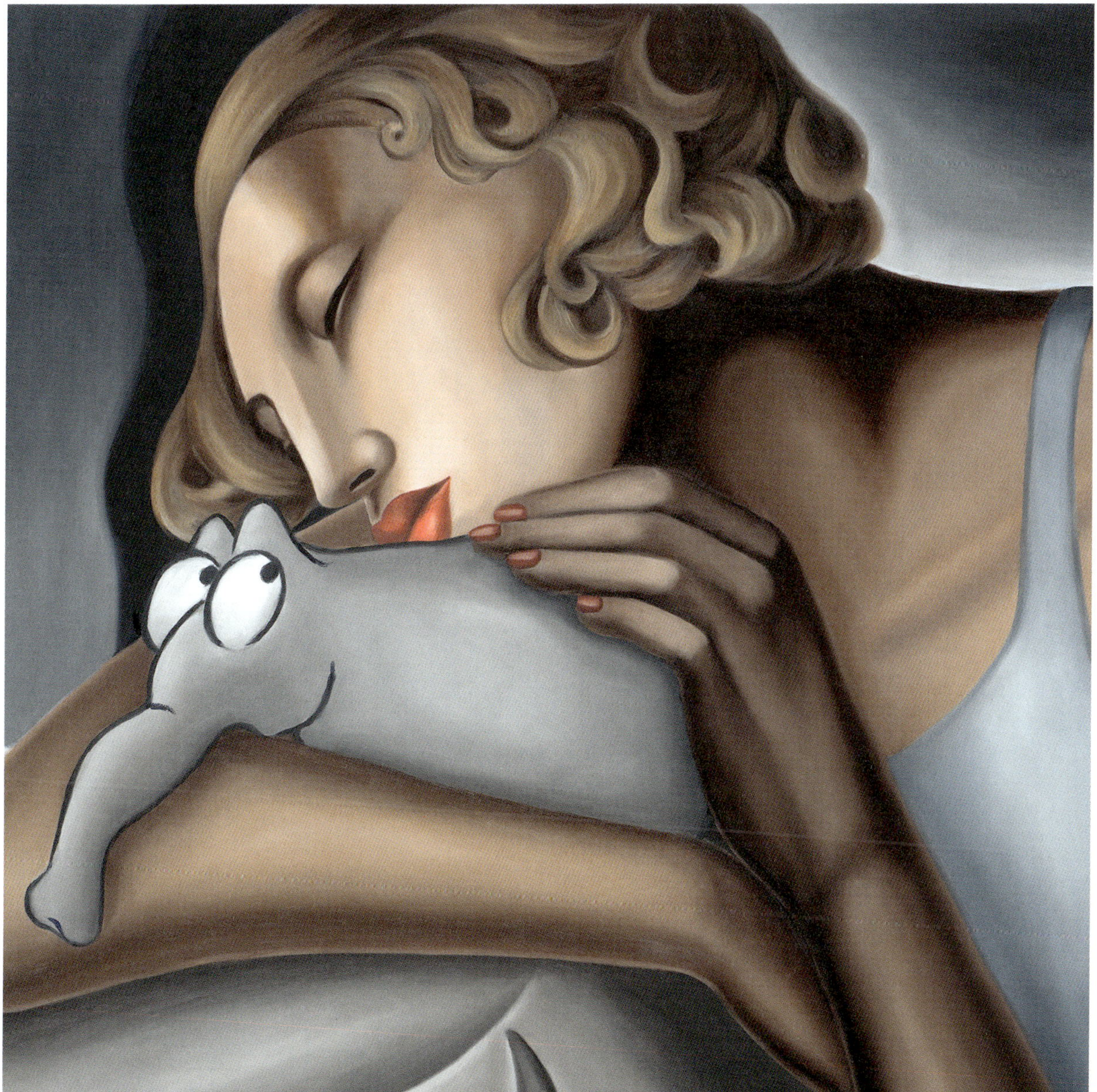

Zeitansage

Nach Savador Dalí, »Die Beständigkeit der Erinnerung«, 1931

Salvador Dalí war ein sogenanntes Enfant terrible, wörtlich übersetzt »ein schreckliches Kind«. Doch seinem Kindskopf entsprangen nicht nur kindische, sondern auch verrückte Ideen. In London erschien er zum Beispiel in einem Frack, der Lady Gaga vor Neid hätte erblassen lassen: Er war mit 88 Schnapsgläsern besetzt, jedes gefüllt mit Pfefferminzlikör, in dem jeweils eine tote Fliege schwamm.

Dalí bediente gern die bürgerliche Vorstellung vom wahnsinnigen Genie: Kleidung, Auftreten und nicht zuletzt sein sorgfältig gezwirbelter Kaiser-Wilhelm-Gedächtnis-Schnurrbart – alles passte perfekt. Fast zu perfekt, um nicht den Verdacht zu erregen, dass hier eine solide Geschäftsidee zugrunde liege: Was der Bürger nicht kennt, das kauft er.

Auf einem Porträt trägt Dalís Frau Gala Koteletts auf beiden Schultern. Auf die übliche Reporterfrage nach dem Warum antwortete Dalí: »Ich habe meine Frau gern, und ich habe Koteletts gern, und ich sehe keinen Grund, sie nicht zusammen zu malen.« Das erklärt alles und nichts und rechtfertigt nebenbei Waalkes' Variante einer der weichen Uhren, die zu Dalís Markenzeichen gehören.

Ob man Dalí nun für ein Genie oder für einen Wahnsinnigen hält, ist wohl eine Frage des Vorurteils und der Erwartung, die daraus erwächst – wahrscheinlich jedoch hatte Dalí recht mit seiner frühen Erkenntnis, »dass der einzige Unterschied zwischen mir und einem Verrückten ist, dass ich nicht verrückt bin«.

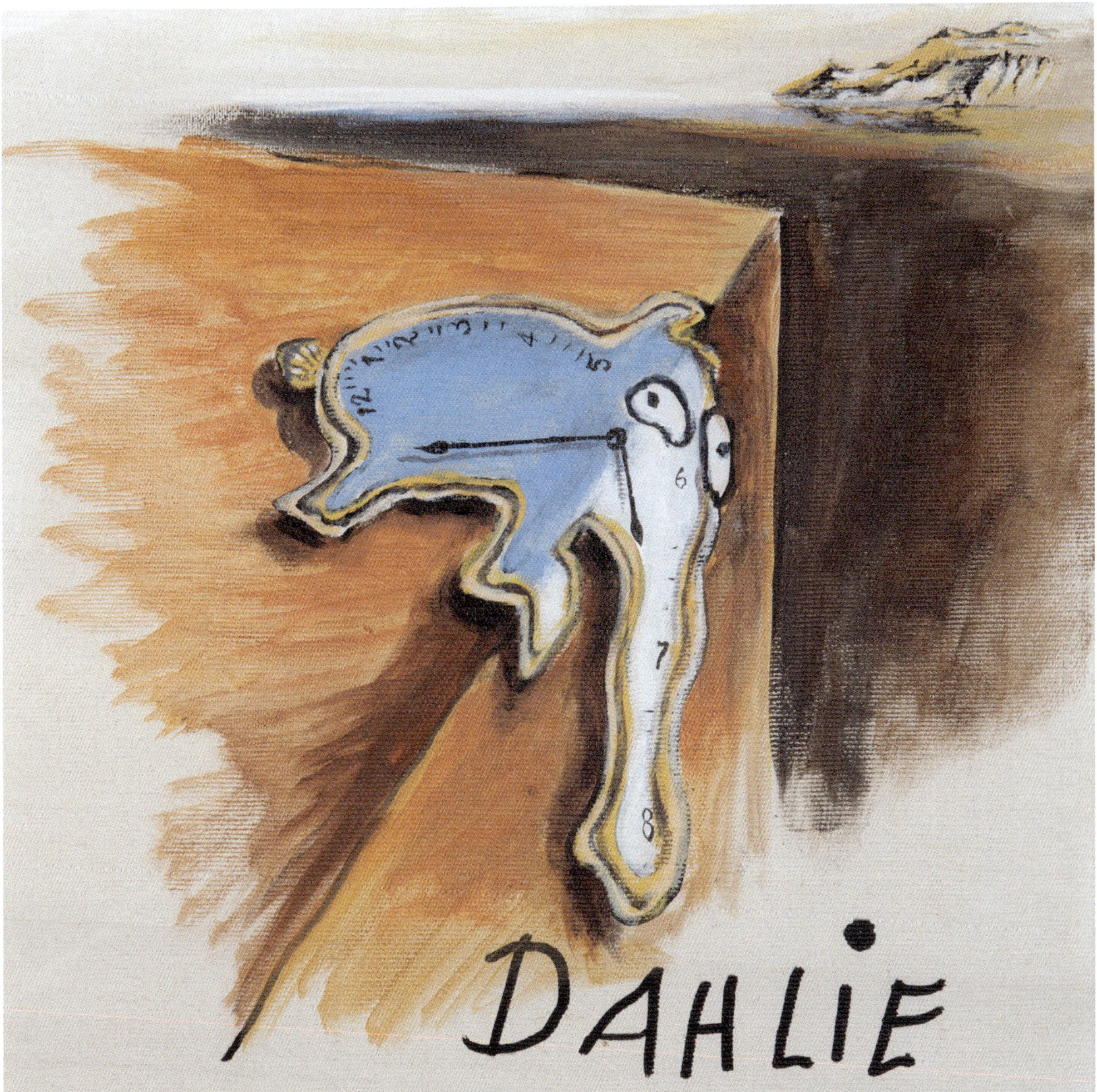
DAHLIE

Die Stille vor der Fanfare

Nach Giorgio de Chirico, »Piazza d'Italia con statua«, 1937

Giorgio de Chirico las in seiner Jugend viele Bücher. Seine frühen Bilder sind literarisch, beinah so, als sollten sie nur die Erkenntnisse des deutschen Philosophen Friedrich Nietzsche illustrieren. Nietzsche schrieb: »Es bedarf einmal, und wahrscheinlich bald einmal, der Einsicht, was vor allem unseren großen Städten fehlt: stille und weite, weitgedehnte Orte zum Nachdenken, Orte mit hochräumigen, langen Hallengängen für schlechtes oder allzu sonniges Wetter, (...) Bauwerke und Anlagen, welche als Ganzes die Erhabenheit des Sich-Besinnens und Bei-Seite-Gehens ausdrücken.« Solche Plätze vermisste Nietzsche, er fand sie in Turin, wo sie ihn später wohl wahnsinnig machten.

Schon bei de Chirico bekommen Nietzsches vorbildliche Plätze etwas Unheimliches, die Erhabenheit verwandelt sich in Beklommenheit, die Stille wird bedrückend. Die beiden Herren im Mittelgrund unterhalten sich auch auf Otto Waalkes' Nachbild allenfalls flüsternd.

Haben Sie gesehen?
Was denn?
Hinter Ihnen, das Denkmal, es muss neu sein.
Was stellt es dar?
Einen Ottifanten, den Rüssel erhoben, als wolle er sogleich lostrompeten.
Wenn er das täte, könnten wir uns nicht weiter unterhalten.
Das wäre mir recht.
Mir auch.

In seinem späteren Malerleben beschloss de Chirico, hinfort wie Rubens zu malen. Das gelang ihm leider nicht.

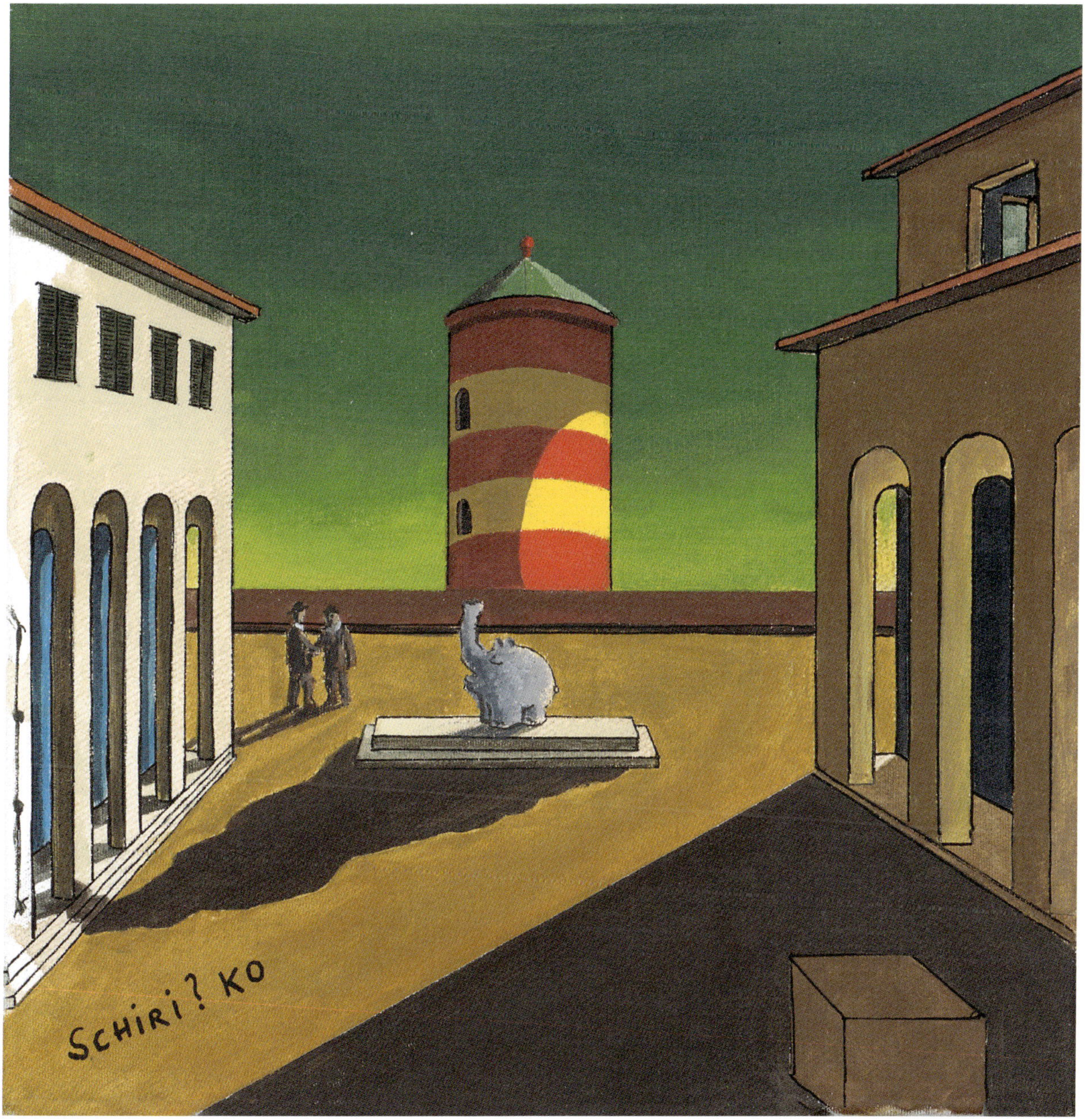
SCHIRI? KO

Otti Fant

Nach Pablo Picasso, »Dora Maar«, 1937

Über Picasso ist eigentlich alles gesagt. Aber was sagt das Jahrhundertgenie selbst? Am 2. Mai 1952 in Madrid angeblich Folgendes: »Große Maler waren Giotto, Tizian, Rembrandt und Goya. Ich bin nur ein Spaßmacher, der seine Zeit verstanden hat und alles, was er konnte, herausgeholt hat aus der Dummheit, der Lüsternheit und Eitelkeit seiner Zeitgenossen.« Viel mehr alte Meister ließ der junge Meister nicht gelten: »Bei Rubens wird nichts erzählt.« Und was ist mit Caravaggio? »Bei ihm wird der Realismus Komödie. Das ist gelogen.« Zeitgenossen wie Pierre Bonnard gegenüber war er noch strenger: »Was er macht, das ist keine Malerei. Er weiß nicht, was er will.« Aber van Gogh doch? »Ein sentimentaler Straßenjunge.«

Aber Picasso wurde doch von allen bewundert? Nein, hören wir lieber auf Francis Bacon: »Picasso ist wahrscheinlich – sowohl in seiner Malerei als auch in seinen Skulpturen – das Genie des Jahrhunderts. Obwohl ich neunzig Prozent seines Werkes hasse oder uninteressant finde.«

Dazu gehörte womöglich auch Picassos »Guernica«. »... hochelegant im Lineament und in der modischen Farbskala«, befand Horst Janssen und fasste seinen Gesamteindruck zusammen: »Hintergrund für eine Dior-Revue.« Picasso konnte sich trösten: Fünf Museen sind allein seinem Werk gewidmet. Eines seiner Gemälde durchbrach als erstes bei einer Auktion die Schallgrenze von 100 Millionen Dollar. Und gegen Ende seines Lebens konnte Picasso Restaurantrechnungen bezahlen, indem er die flüchtig hingeworfene Zeichnung eines Ottifanten auf der Tischdecke hinterließ. Als ihn der Chef des »Colombe d'Or« bat, sein Werk zu signieren, soll Picasso sich geweigert haben mit der Begründung: »Ich will das Essen bezahlen, nicht das Restaurant kaufen.«

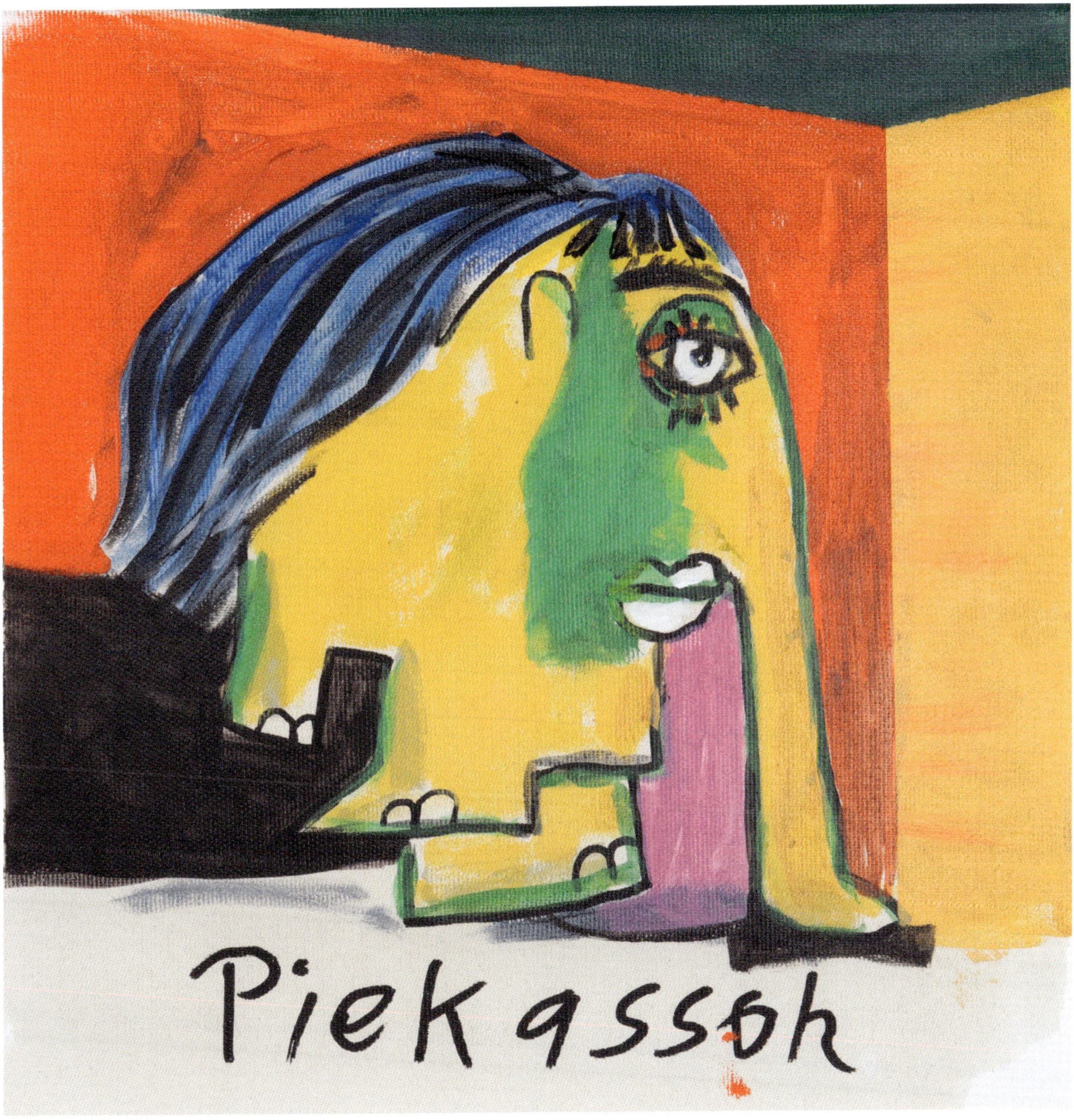
Piekassoh

Tierliebe

Nach Frida Kahlo, »Selbstbildnis No 56«, 1940

Frida Kahlo malt sich selber,
mal mit roter, mal mit gelber
Kopfdeckung voller Blüten.
Oder auch mit hübschen Hüten
folkloristisch kunterbunt.
Immer jedoch ernsthaft und
meist frontal, nie im Profil.
Sechzig Selbstporträts sind viel.

Frida Kahlo liebte Tiere
und entsprechend groß war ihre
häusliche Menagerie:
Katzen, Hunde, Federvieh,
Papageien, Puter, Pudel,
ja sogar ein ganzes Rudel
Affen und dazu ein Kitz
hielt sie sich. Das ist kein Witz.

Nur das Tier auf diesem Bild
Wär' selbst Frida allzu wild.

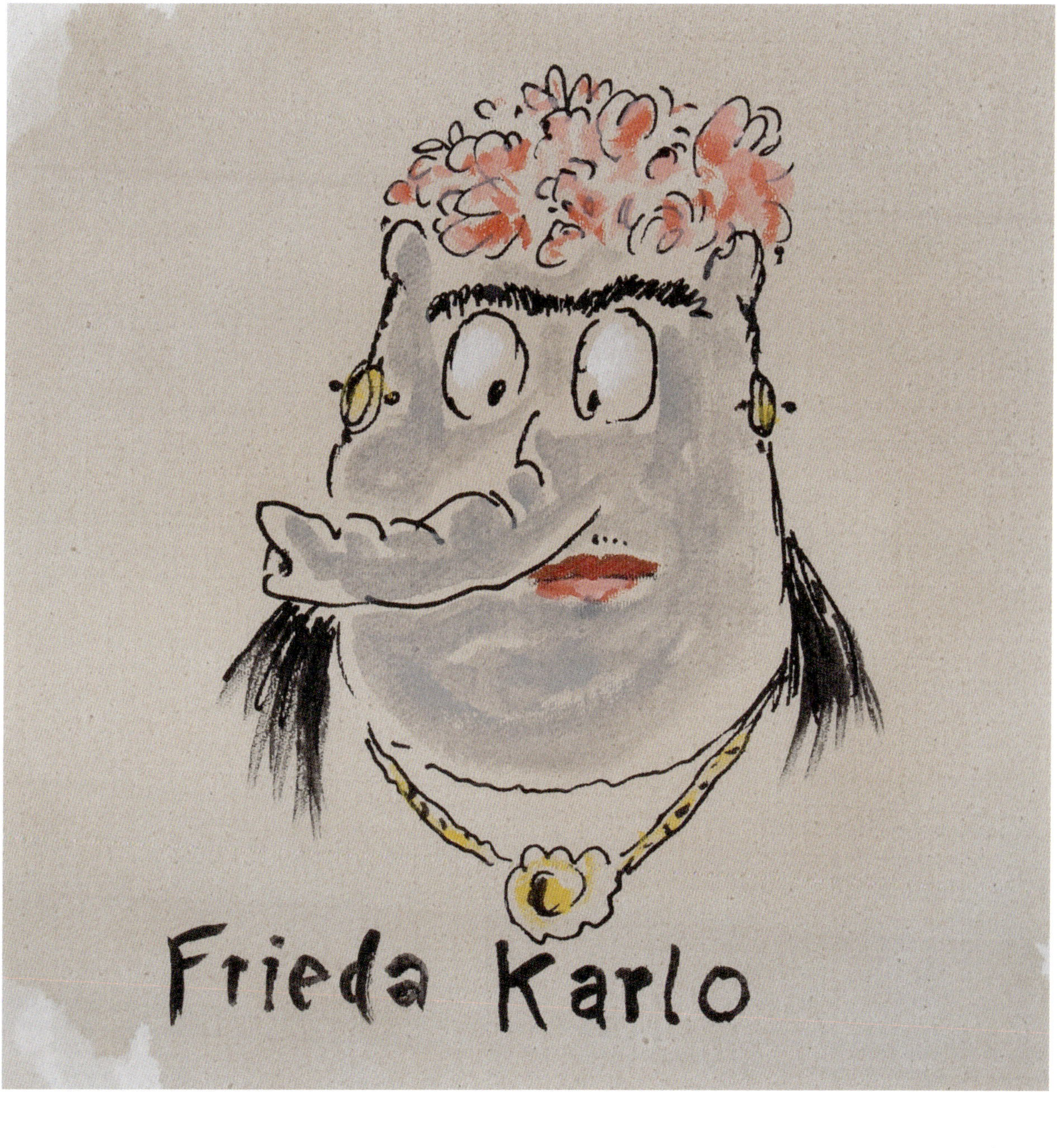
Frieda Karlo

Mirófanten

Nach Joan Miró, »Konstellationen«, 1940/41

Der Popularität Joan Mirós hat es bestimmt nicht geschadet, dass sein Werk scheinbar naiv daherkommt. Weiche Formen, klare Farben, spielerischer Umgang mit dem Material, das Streben nach fließender Identität – pädagogisch alles besonders wertvoll. »Eines geht ins andere über. Alles bildet eine Einheit. Es gibt keine Domäne, die verschieden ist von anderen. Alles ist miteinander verkettet«, behauptet der Meister. Dazu der Kommentar von René Magritte: »Ich habe Miró 1926 in Paris getroffen. Er nahm Boxstunden, um bei Gelegenheit seine geistige Leere verteidigen zu können.« Sicher ein unberechtigter Vorwurf: Miró war immerhin gelernter Buchhalter.

Relativ früh fand er zu seinem charakteristischen Stil, der ein wenig an Bilder von Paul Klee und die Mobiles von Alexander Calder erinnert – und an Nina Hagen natürlich: »Ich kann mich gar nicht entscheiden / Ist alles so schön bunt hier!«

Ob in Kirchen oder Zahnarztwartezimmern, auf Rotweinflaschenetiketten oder zu Fußballweltmeisterschaften: Mirós Markenzeichen passen so gut wie immer. Dabei war Miró durchaus mal ein Rebell, der Lust hatte, »den Leuten, die in der Kunst allein ihren kommerziellen Wert sehen – all denjenigen also, die glauben und behaupten, dass ihre Werke ein Vermögen wert sind –, einmal ›Scheiße‹ entgegenzurufen«.

Echte Mirós gibt es sehr viele, allein 2000 Gemälde hat er hinterlassen, falsche gibt's auch: ungefähr die Hälfte aller Miró-Grafiken gelten heute als Fälschungen. Den Kunstmarkt stört das alles nicht – ein echter Miró ist da bis zu 30 Millionen wert. Miró hat seine Bilder gern nach dem benannt, was man darauf sieht. Auf Otto Waalkes' Hommage erkennt man Ottifanten, einen Leuchtturm und eine Gitarre – um es kurz zu machen, nennt er sein Bild aber nur »Mirófanten«.

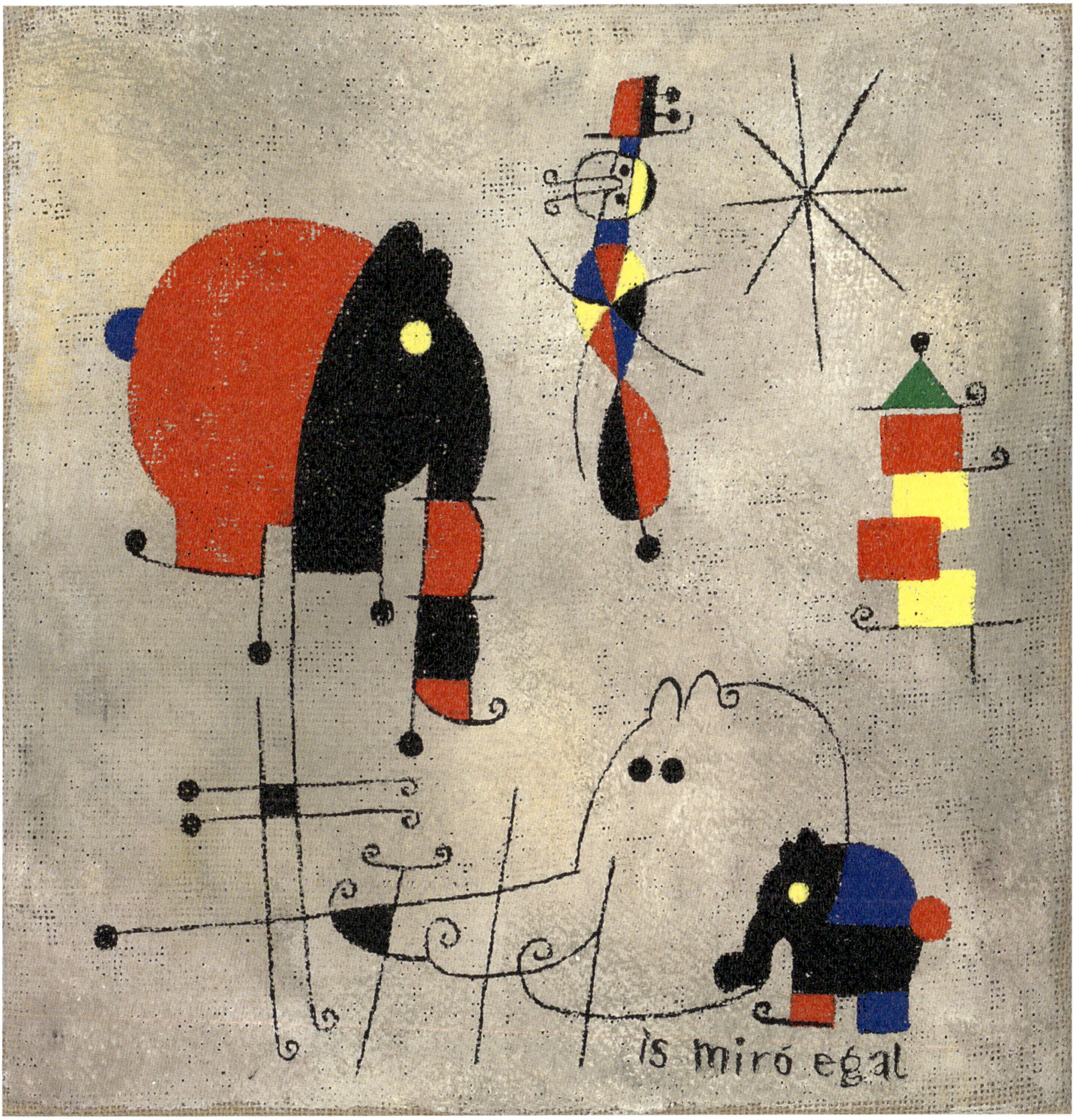
is miró egal

Ottifant im Drippingcenter

Jackson Pollock, »Dripping No 1«, 1949

Geboren wurde Jackson Pollock im Wilden Westen, genauer gesagt: in Cody, Wyoming. Cody? Klingelt da was? Ring-ring? Natürlich: William Cody, besser bekannt als »Buffalo Bill«, der berühmte Büffelkiller, nach dem die Stadt benannt wurde, in der ihm ein Museum gewidmet ist. Auch Jackson Pollock wäre lieber Cowboy geworden und hätte gern ein Heimatmuseum gehabt. Daraus wurde nichts, deshalb ging er nach New York, wurde Künstler und hat als »Jack the Dripper« einige der teuersten Gemälde des 20. Jahrhunderts zu verantworten. George Grosz nannte ihn dafür den »Rorschach-Rembrandt«.

Bis dahin war es ein kurzer Weg. Rasch durchlief Pollock Kubismus und Surrealismus, ließ Picasso und Miró hinter sich und entwickelte den Abstrakten Expressionismus. Pollocks Technik war einzigartig und seiner Herkunft geschuldet: Er legte eine Leinwand auf den Fußboden, hängte einen Eimer drüber, in dessen Boden er ein paar Löcher schoss, aus denen Farbe auf die Leinwand tropfen konnte.

Das hieß dann *Dripping*. Um jede Ähnlichkeit mit Lebewesen und Gegenständen oder anderen Gemälden auszuschließen (*Outspacing*), wischte er alle figurativen Formen weg (*Wishing*); wurde diese Technik mit einem Wisch-Mopp ausgeführt, hieß sie *Mopping*. Und auf das Verfahren (*Driving*) kam es Pollock an – was dabei rauskam (*Outputting*), interessierte ihn weniger als seine Sammler (*Sampling*).

Was entstanden wäre, wenn der Maler das Wishing einmal vergessen hätte – und das konnte passieren (*Happening*), da der Maler dem Alkohol (*Boozing*) selten die kalte Schulter zeigte (*Showing*) –, das sehen wir hier: ein Ottifant im Drippingcenter.

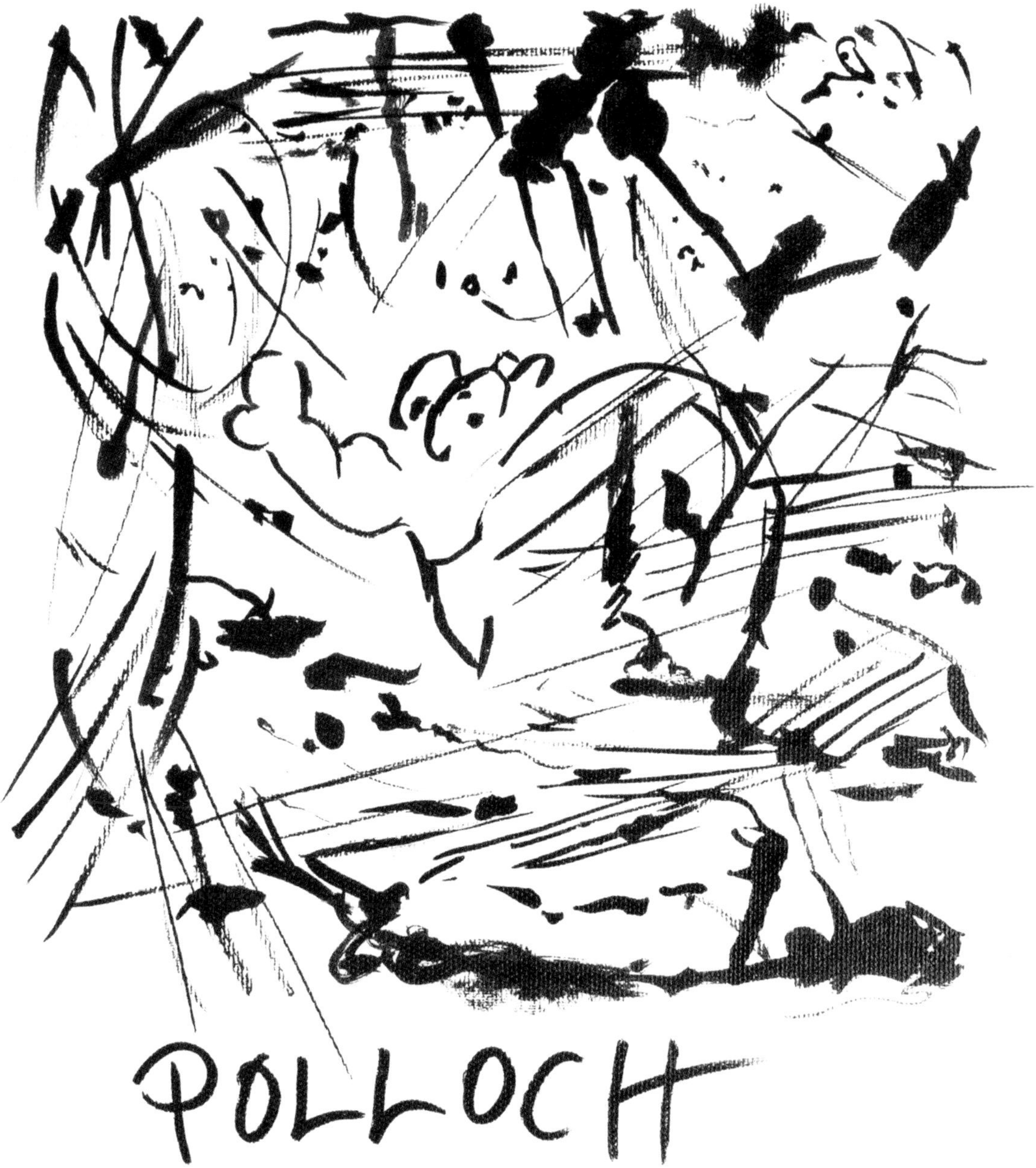
POLLOCH

Cape Cotto

Nach Edward Hopper, »Cape Cod Morning«, 1950

Viele malten viel salopper
als der Maler Edward Hopper.
Doch niemand reichte ran an die
Hopper'sche Melancholie.

Augenblicke nicht von Dauer.
Unnachahmlich diese Trauer.
Unzertrennlich dieses Paar,
das man ja schon öfter sah:

Ottifant und Malergott
hier im friesischen Cape Cod.
Maler Otto kommt ins Grübeln,
und wer wollt es ihm verübeln?

Otto fragt: »Was heißt denn Cod?«
Ottifant (antwortet flott):
»Cod bedeutet Kabeljau.« –
»Weißt du das auch ganz genau?« –

»Aber ja, das stimmt schon, Otto!« –
»Gut. Ab jetzt heißt es: Cape Cotto!«

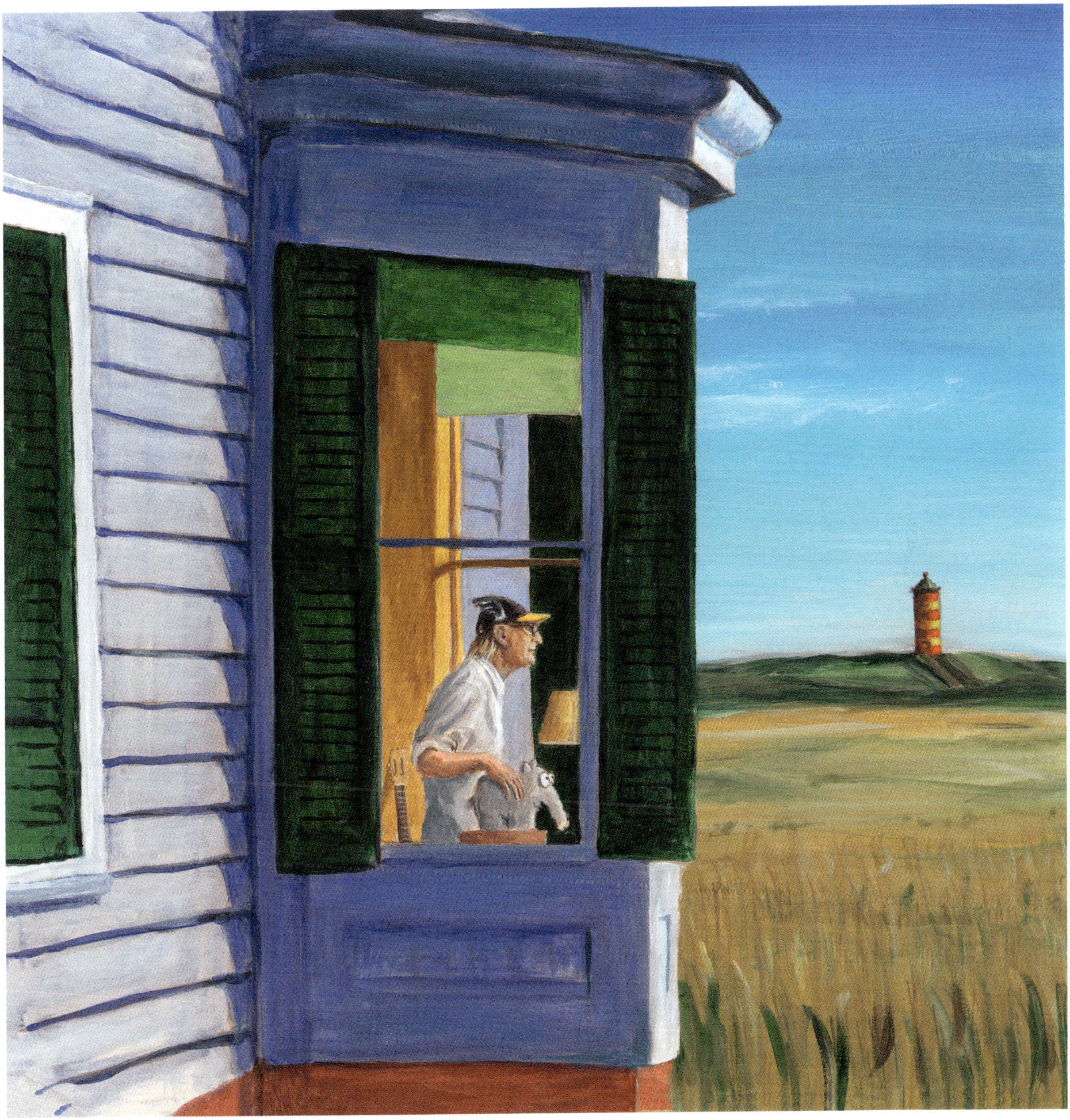

Ottifant bleu

Nach Henri Matisse, »Nu bleu«,
1952

Für Grantler klingt es unerquicklich:
Henri Matisse war meistens glücklich.
Er hat sich nicht zu sehr gequält,
für ihn war es das Glück, das zählt.
Er preist des Daseins reine Wonne,
bei ihm scheint immerzu die Sonne.
»Mir kommt das Unglück nicht ins Haus!«
Das strahlen seine Bilder aus.

Selbst gegen Ende seines Lebens
sucht man Resignation vergebens.
Als er schon kaum mehr malen kann,
fängt er noch mal was Neues an.
Zum guten Schluss seiner Karriere
greift Herr Matisse beherzt zur Schere
und schnippelt nun aus Buntpapier
die allerliebsten Formen hier.

Nur einmal rutscht die Schere aus:
Das ist kein Akt, nun mach was draus!
Ein kühner Schnitt, charmant, charmant,
und schon ist es: ein Ottifant!

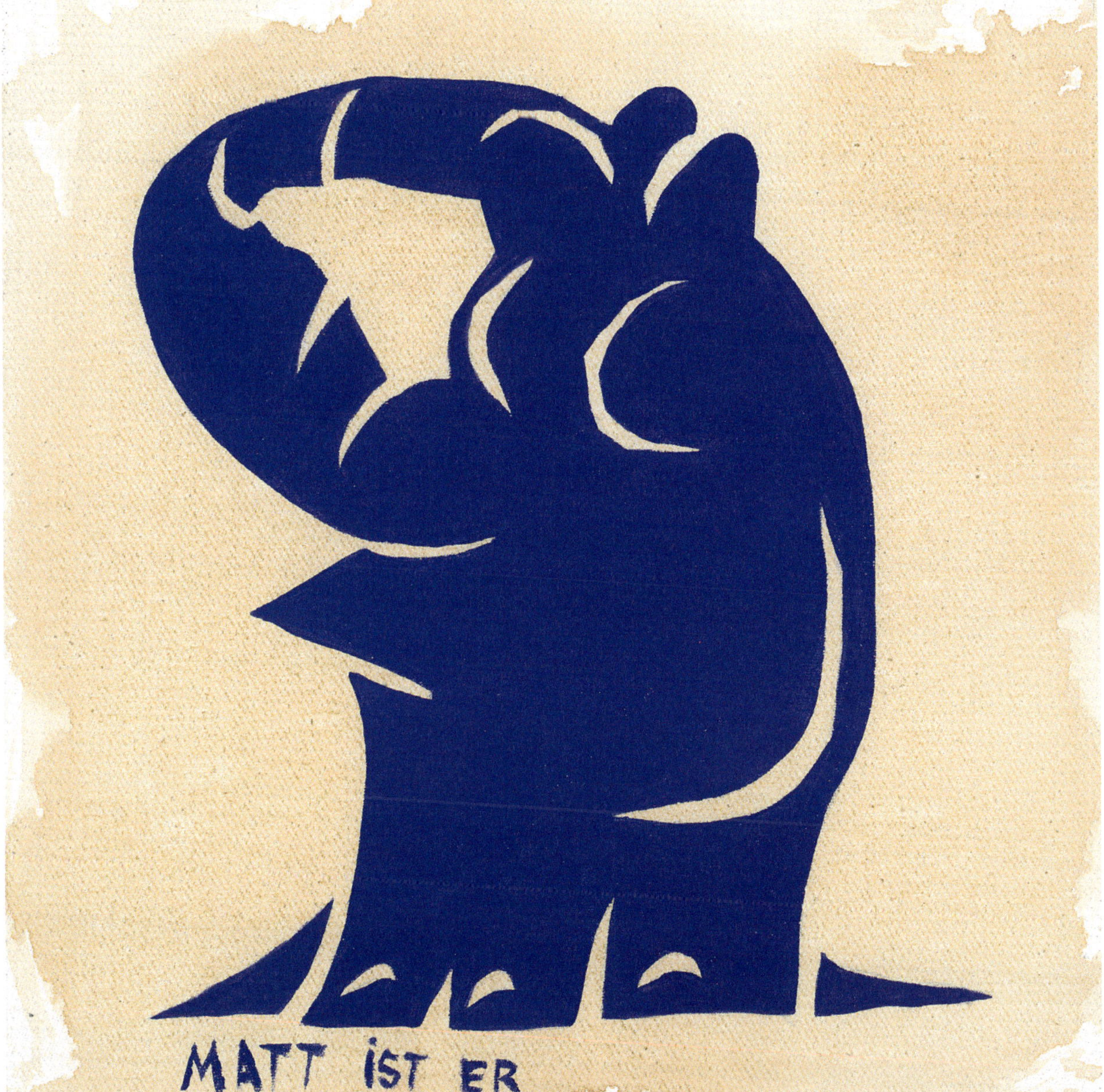
MATT IST ER

Hundertwaalkes

Nach Friedensreich Hundertwasser, »Der große Weg«, 1955

Der Österreicher Friedrich Stowasser nannte sich als Künstler mit vollem Namen »Friedensreich Hundertwasser Regentag Dunkelbunt«.

Auf die letzten beiden Teile des Nachnamens verzichtete er weise und wurde so zu einem der erfolgreichsten Kunstproduzenten seiner Zeit. Unzähligen Gemälden, Grafiken, Tapisserien, Plakaten, Medaillen, Briefmarken und nicht zuletzt Bauwerken hat er seinen Stempel aufgedrückt. Sie sind von Weitem daran zu erkennen, dass sie selbst an Regentagen dunkelbunt und niemals geradlinig daherkommen.

Hundertwasser hätte sich auch Anti-Mondrian nennen können. Er war nämlich ein Feind der geraden Linien. Er behauptete: »Wir leben heute in einem Chaos der geraden Linien, in einem Dschungel der geraden Linien.« Den scheinbaren Widerspruch – weder das Chaos noch der Dschungel sind für übertriebene Geradlinigkeit bekannt – rechtfertigte er durch folgende Beweisannahme: »Wer dies nicht glaubt, der gebe sich einmal die Mühe und zähle die geraden Linien, die ihn umgeben, und er wird begreifen; denn er wird niemals ans Ende gelangen.« Auch das ist dunkelbunter Unsinn. Doch Hundertwasser wurde damit zum Tausendsassa; zu ihm pilgerten reiche Sammler, die Direktoren wichtiger Museen, die Chefs großer Konzerne und die Bürgermeister von Weltstädten in der Hoffnung, der Meister möge so gnädig sein, ihnen Bilder, Designs, Baupläne oder wenigstens seinen Namen zu überlassen. Bevor er jedoch die ganze Welt in ein knallbuntes Kinderparadies verwandeln konnte, musste sich Hundertwasser die Radieschen von unten ansehen. Form und Farbe sollten ihm gefallen, fast so gut wie der rundliche Ottifant, der im Mittelpunkt von Otto Waalkes' hundertwässrigem Labyrinth steht.

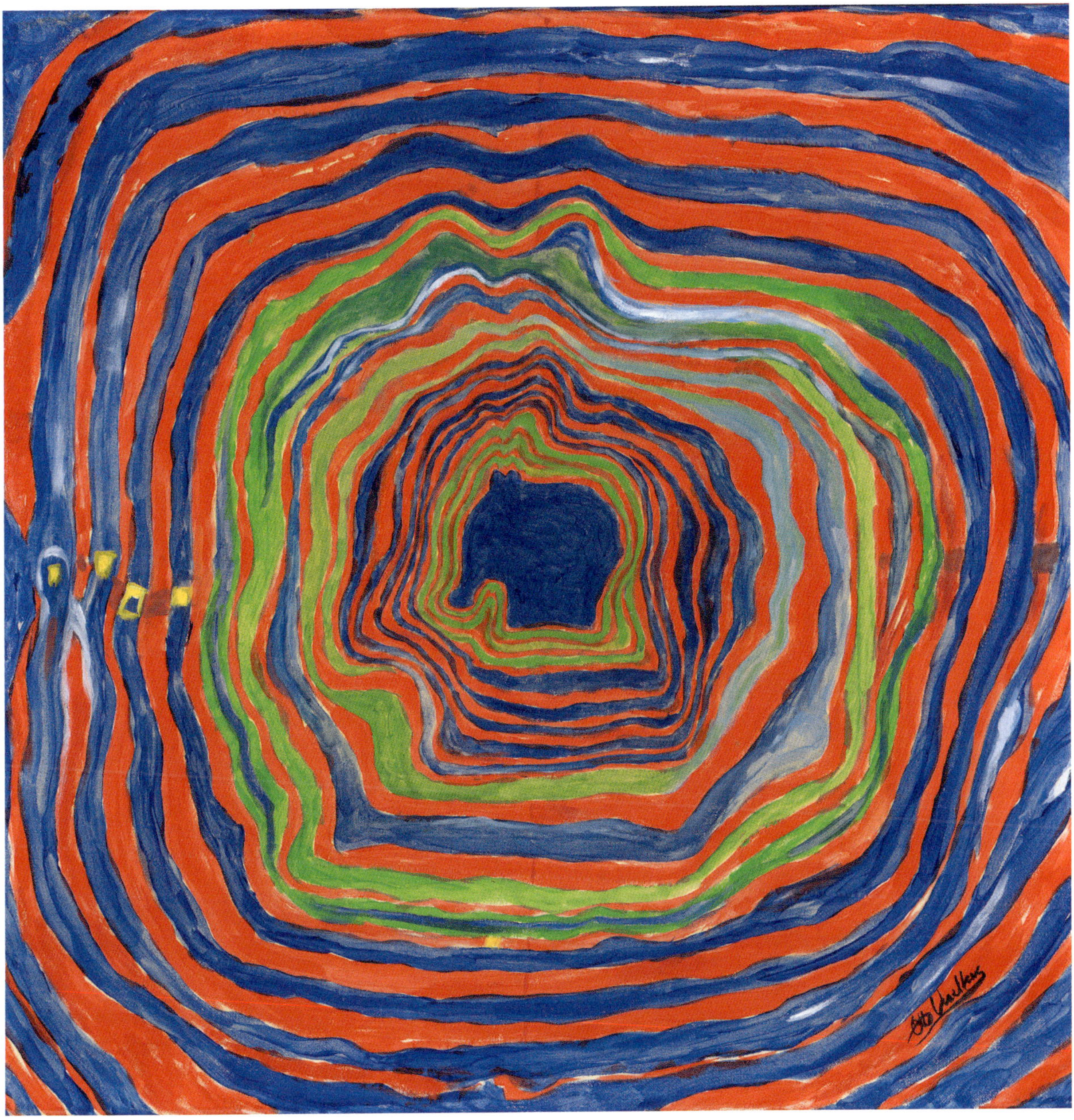

Die Liebenden von Pilsum

Nach Marc Chagall, »Die Liebenden von Vence«, 1957

Auf Jugendfotos sieht Marc Chagall aus, als sei er einem seiner eigenen Gemälde entsprungen. Die Ähnlichkeit mit dem Pantomimen Marcel Marceau ist kaum zu übersehen. Stumm sind Chagalls Bilder aber nicht. Aus ihnen spricht eine träumerische Veranlagung: Liebespaare schweben auf Wolke sieben. Ziegen ziehen durch malerische Dörfer, Geiger fiedeln auf den Dächern. Und die Geige ist ja so etwas wie die Gauklerin unter den Instrumenten, ihr Klang lässt alles verschwinden, was mit Verstand zu tun hat, und greift direkt ans Herz.

Chagall ist damit ein Grenzfall – man mag Chagall oder man mag ihn nicht. Für viele sind seine Bilder reinste Poesie, für andere nicht. Sie eignen sich für Hotel- und Mädchenzimmer ebenso wie für die Fenster von Kirchen und Synagogen. Böse kann man ihm nicht sein. Oder doch? Marcel Duchamp konnte: »Chagall würde seine Großmutter mit himmelblauer Farbe übergießen, wenn er sie für Dollars verkaufen könnte.« Das hatte der Meister bald nicht mehr nötig.

Aus Chagalls »Fiddler on the Roof« wurde ein Musical, das in Deutschland offiziell unter dem Titel »Anatevka« bekannt wurde. Hauptfigur ist »Tevje, der Milchmann«, in der Uraufführung verkörperte ihn Deutschlands überzeugendster Russendarsteller und bester Brumm-Bassist Ivan Rebroff. Geboren wurde der 1931 als Hans Rolf Rippert in Berlin-Spandau. Aber das nur für die Freunde kultureller Aneignungen.

Die »Liebenden von Vence« werden von Otto Waalkes in ein ostfriesisches Dorf versetzt, das erstaunlicherweise am Fuße eines Hügels liegt, auf dessen Kamm statt einer Chagall'schen Ziege ein Otto'scher Ottifant erscheint. Der Künstler erklärt das so: »Bei Chagall liegt Vence in Galizien, bei Shakespeare liegt Böhmen am Meer, und bei mir liegt Pilsum eben im Gebirge – na, und?«

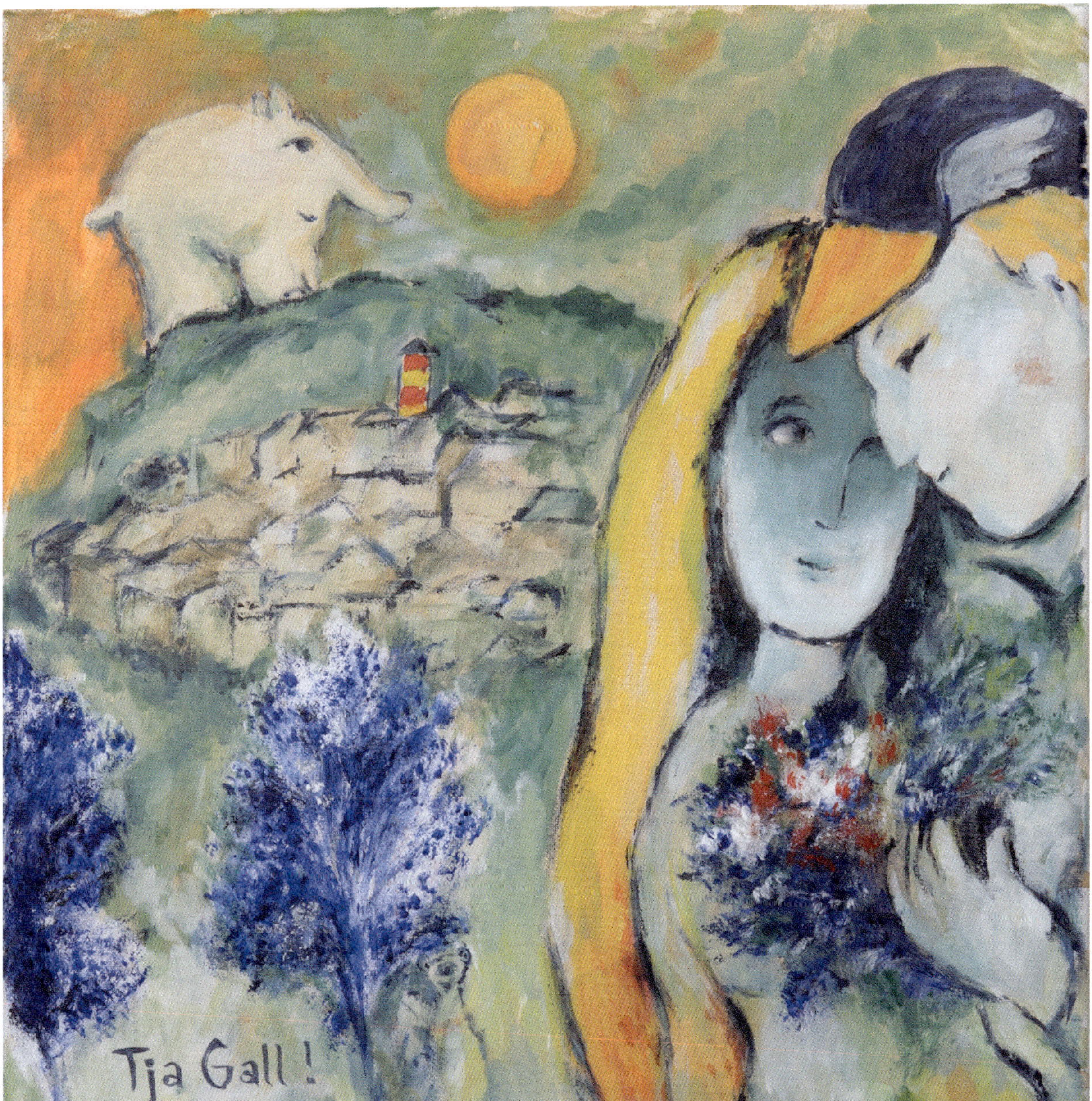
Tja Gall!

Schöne Aussichten
Nach René Magritte, »Der Sohn des Menschen«, 1964

Auch andere Maler machten Werbung: Salvador Dalí entwarf das Logo für einen Lutscher, Vasarely eines für Renault, Keith Haring warb für Schnaps und Zigaretten, Andy Warhol am liebsten für sich selbst, und René Magrittes optische Einfälle verwendeten so unterschiedliche Werbetreibende wie Versicherungen, Brillen- und Wodkaproduzenten. Er gehört zu den meistparodierten Künstlern des 20. Jahrhunderts. Kein Wunder: Magrittes Bilder sind einfach rätselhaft, und durch die bizarren Titel, die er ihnen verpasste, werden sie noch rätselhafter: »Die Kunst der Konversation« nannte Magritte eine Ausstellung seiner Bilder, die alle den Vorteil haben, dass sie stumm bleiben und eben nicht verraten, was sie bedeuten.

Auch der Maler ist wenig hilfreich: »Ceci n'est pas une pipe« – »Dies hier ist keine Pfeife«, schrieb René Magritte unter das Bild einer Tabakpfeife. Nach allen Regeln der gegenständlichen Kunst gemalt, wollte der Meister aus Belgien klarstellen, dass es sich eben nicht um den Gegenstand handelte, sondern nur um dessen getreues Abbild. »Ein Bild ist nicht zu verwechseln mit einer Sache, die man berühren kann. Können Sie meine Pfeife stopfen? Natürlich nicht! Sie ist nur eine Darstellung. Hätte ich auf mein Bild geschrieben, dies ist eine Pfeife, so hätte ich gelogen. Das Abbild einer Marmeladenschnitte ist ganz gewiss nichts Essbares.« Vielleicht hat er deswegen nie eine Marmeladenschnitte gemalt. Äpfel dagegen malte Monsieur Magritte, der an der Staffelei stets auf korrekte Kleidung Wert legte, besonders gern, immer grün und makellos, vermutlich von der Sorte »Granny Smith«.

Dahinter konnte alles Unmögliche stecken: ein Himmel, eine Wand, ein Bild … Oder eben ein menschliches Gesicht. Und wenn davor ein Apfel Platz hatte – warum nicht auch ein grüner Ottifant?

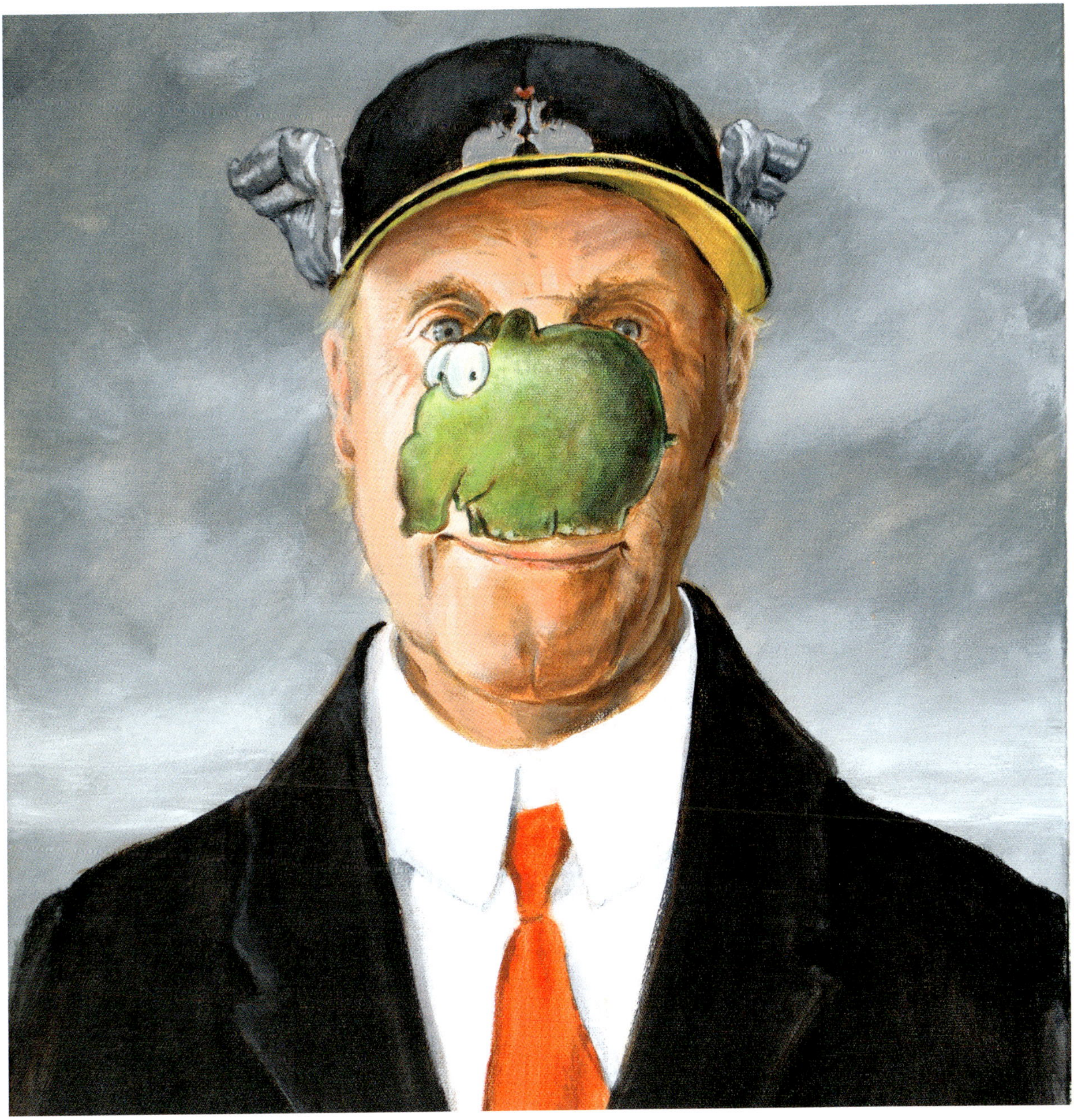

Ottifanten-LOVE

Nach Robert Indiana, »LOVE«, 1964/66

1964: Im Auftrag des Museum of Modern Art entwirft Robert Indiana das Motiv LOVE für die jährliche Weihnachtskarte.

1966: Indiana macht daraus ein Bild, das bald auch als Skulptur, Plakat, Shirt, Ring und als Briefmarke zu haben ist. Trotz des schrägen O's: Indiana meinte die Botschaft sehr ernst, für ihn stand sie in der christlichen Tradition von Nächstenliebe.

1967: Die Beatles erhalten den Auftrag, einen Song zu schreiben, der am 25. Juli von der BBC weltweit ausgestrahlt wird: »All You Need Is Love«. Allerlei musikalische Kinkerlitzchen – von Johann Sebastian Bach über die »Marseillaise« bis zu Glenn Miller – können über die Schlichtheit der Botschaft nicht hinwegtäuschen.

2000: Den anhaltenden Erfolg verdanken beide Produkte dem Zeitgeist, den Ringo Starr später so zusammengefasst hat: »It was for love and bloody peace. It was a fabulous time.«

2018: Im Alter von 89 Jahren stirbt Robert Indiana. Seine Botschaft ist zeitlos und wird ihn überleben.

2023: Otto Waalkes sieht das heute so: »Wer damals nicht im richtigen Alter dabei gewesen ist, kann die Begeisterung kaum nachvollziehen. Aber für einen Moment glaubten wir, die Weltformel gefunden und alle Probleme gelöst zu haben. Vermutlich haben wir uns geirrt.«

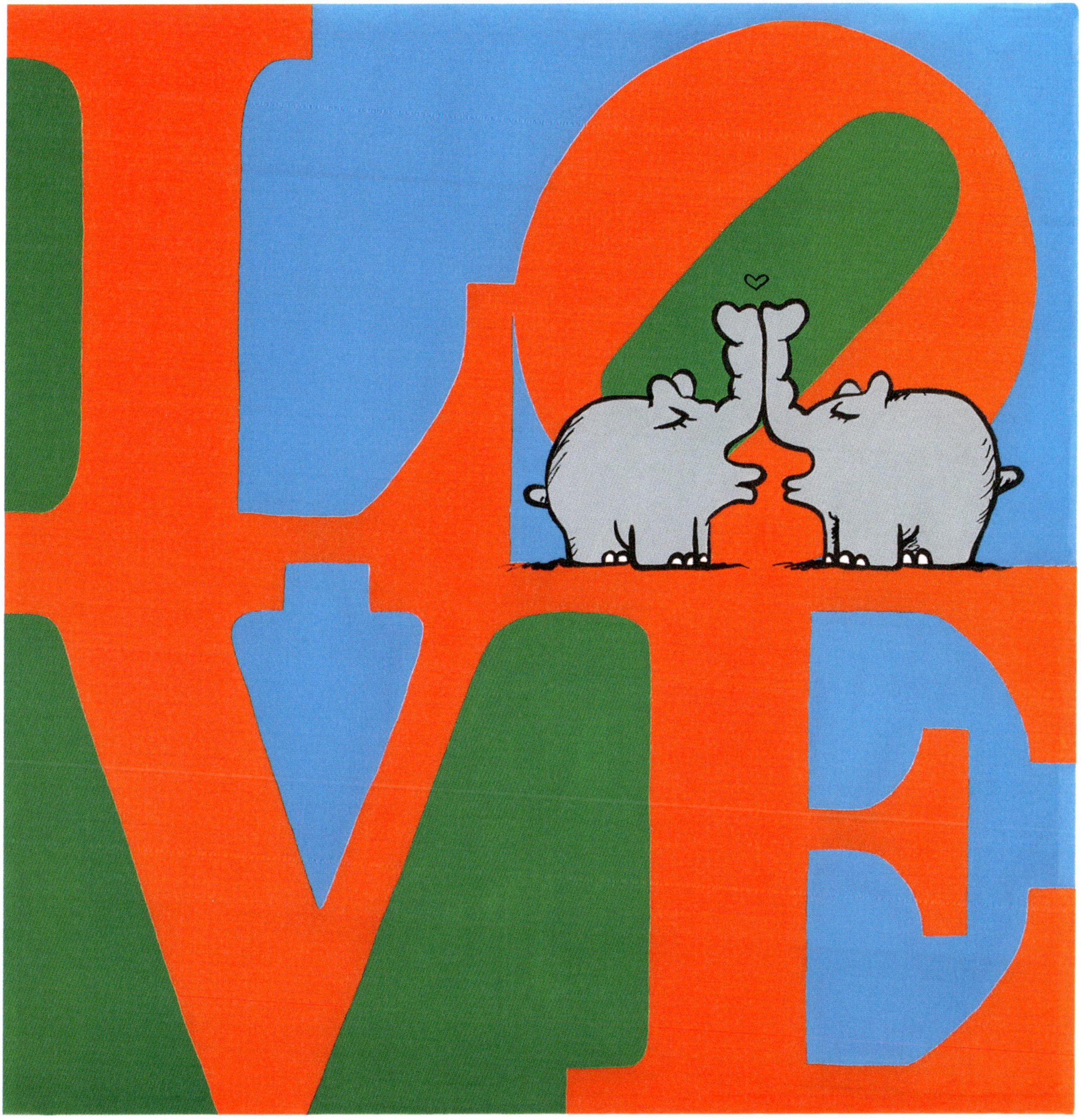
LOVE

Sweet Dreams, Ottifant!

Nach Roy Lichtenstein, »Sweet Dreams«, 1965

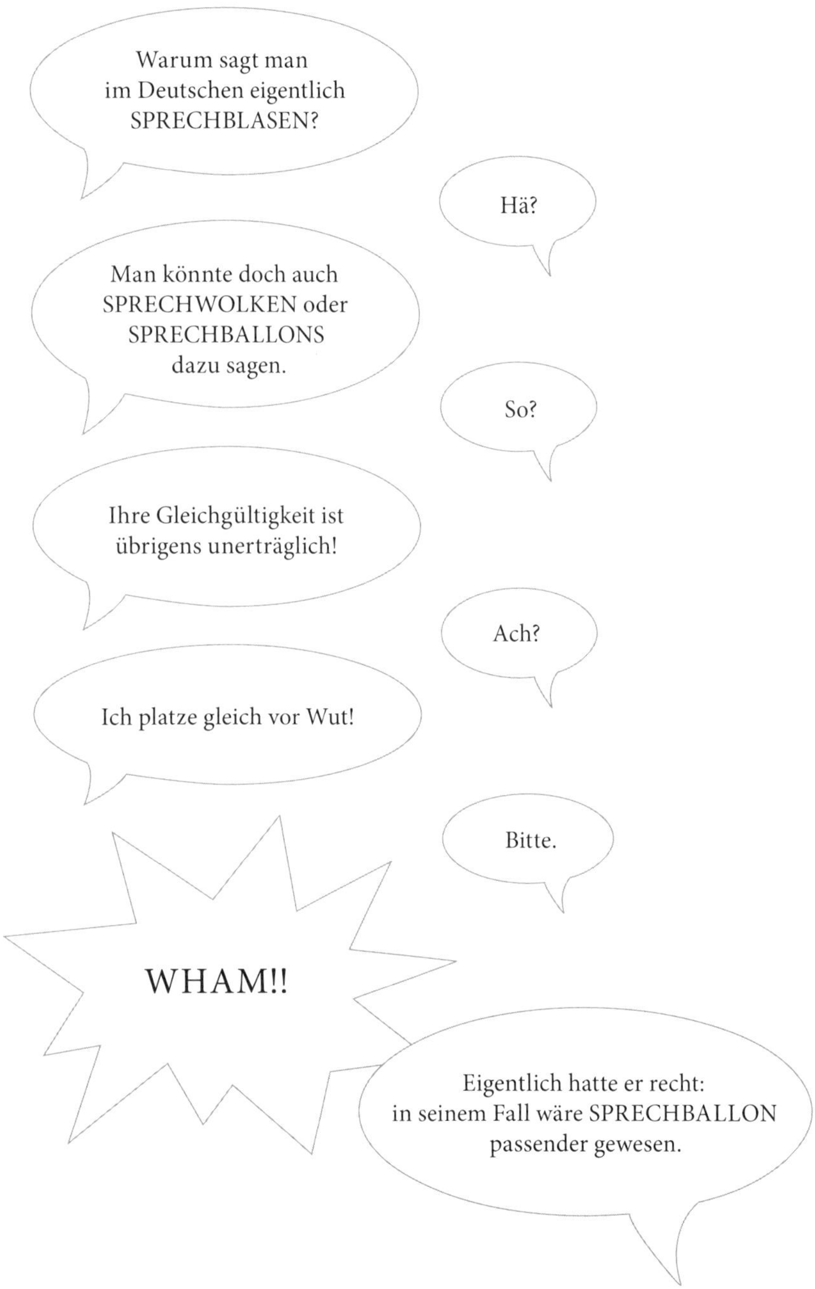

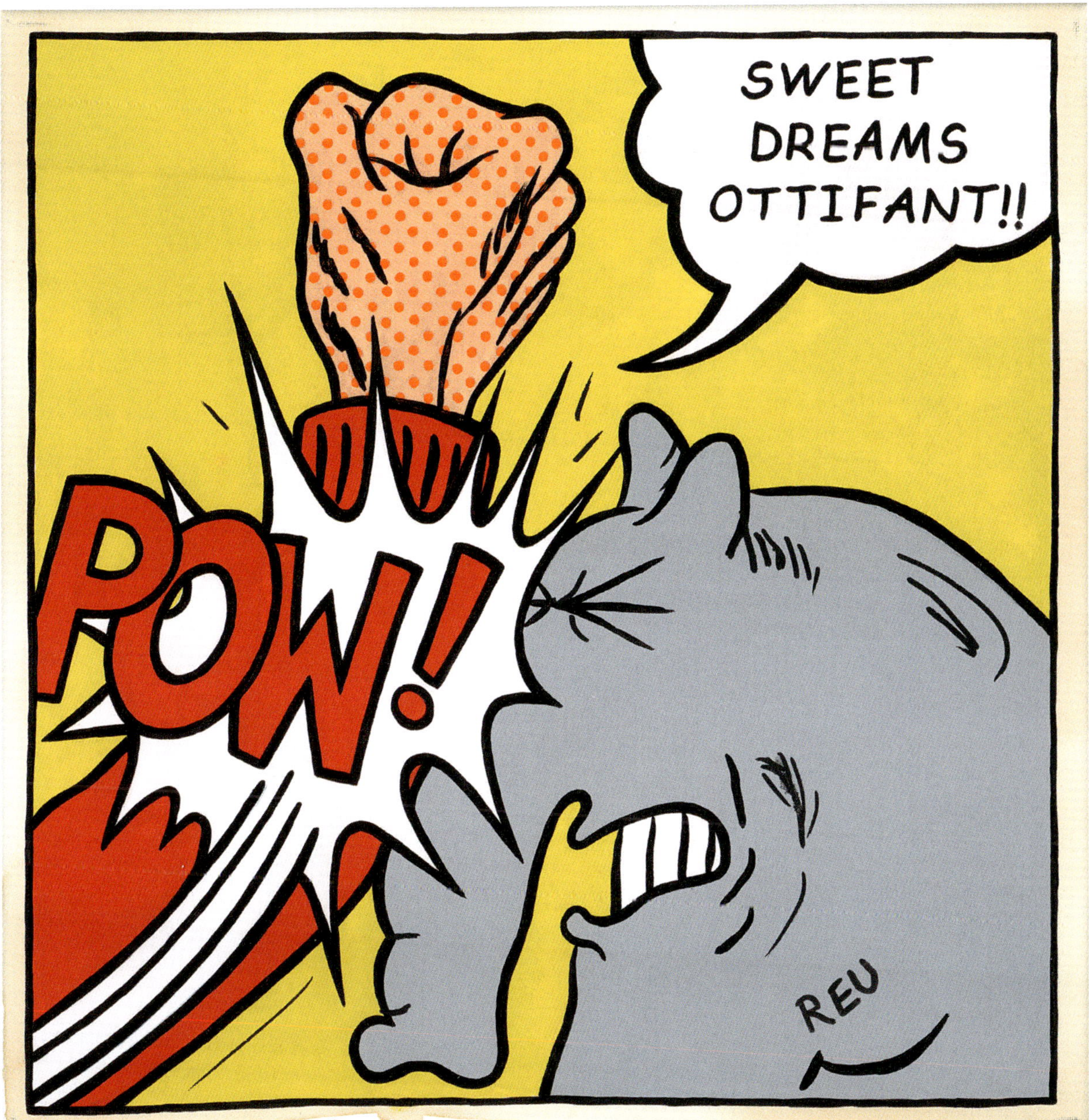
SWEET DREAMS OTTIFANT!!
POW!
REU

Kunst im Quadrat
Nach Andy Warhol, »Self Portraits«, 1967

Andy Warhol hat den Künstlern ins Kontobuch geschrieben: »Gute Geschäfte sind die beste Kunst.« Das signalisierte einen Epochenwechsel, denn von jetzt an zählte auf dem Kunstmarkt vor allem eines: Erfolg.

Zu den lukrativsten Erfindungen Warhols gehörte ein Siebdruckverfahren, das es ihm ermöglichte, Porträts in beliebiger Menge herzustellen, und zwar ohne sich die Mühe machen zu müssen, die Auftraggeber vor der Bild- und Scheckübergabe persönlich zu treffen, geschweige denn, sie zu zeichnen. Ein Polaroid reichte ihm vollkommen.

Warhols Kunden waren zufrieden; sie durften sich danach ein Bild ins Büro oder ins Wohnzimmer hängen, das nichts weiter aussagte, als: Ich bin ein Warhol, und ich war teuer.

Insofern nimmt es wunder, dass Otto Waalkes sich als Sujet seines Quadriptychons ausgerechnet Ottifanten ausgesucht hat, die bekanntlich von Natur aus zahlungsunfähig sind. Oder folgte er etwa einer von Andy Warhols Maximen, die besagt: »Die Gesellschaft ist so dumm, dass sie für jeden Dreck hunderttausend Dollar bezahlt.«

Auch Otto Waalkes hat in seinem Künstlerleben viel Unsinn geredet. Wir erinnern uns an seine Behauptung, dass es eine Seife gäbe, die bis in die Achselhöhlen vordringt – dabei weiß doch jeder, dass es so etwas genauso wenig geben wird wie eine Gesellschaft, die für jeden Dreck hunderttausend Dollar bezahlt. So billig gibt's weder Dreck noch Seife. Und einen Warhol schon mal gar nicht.

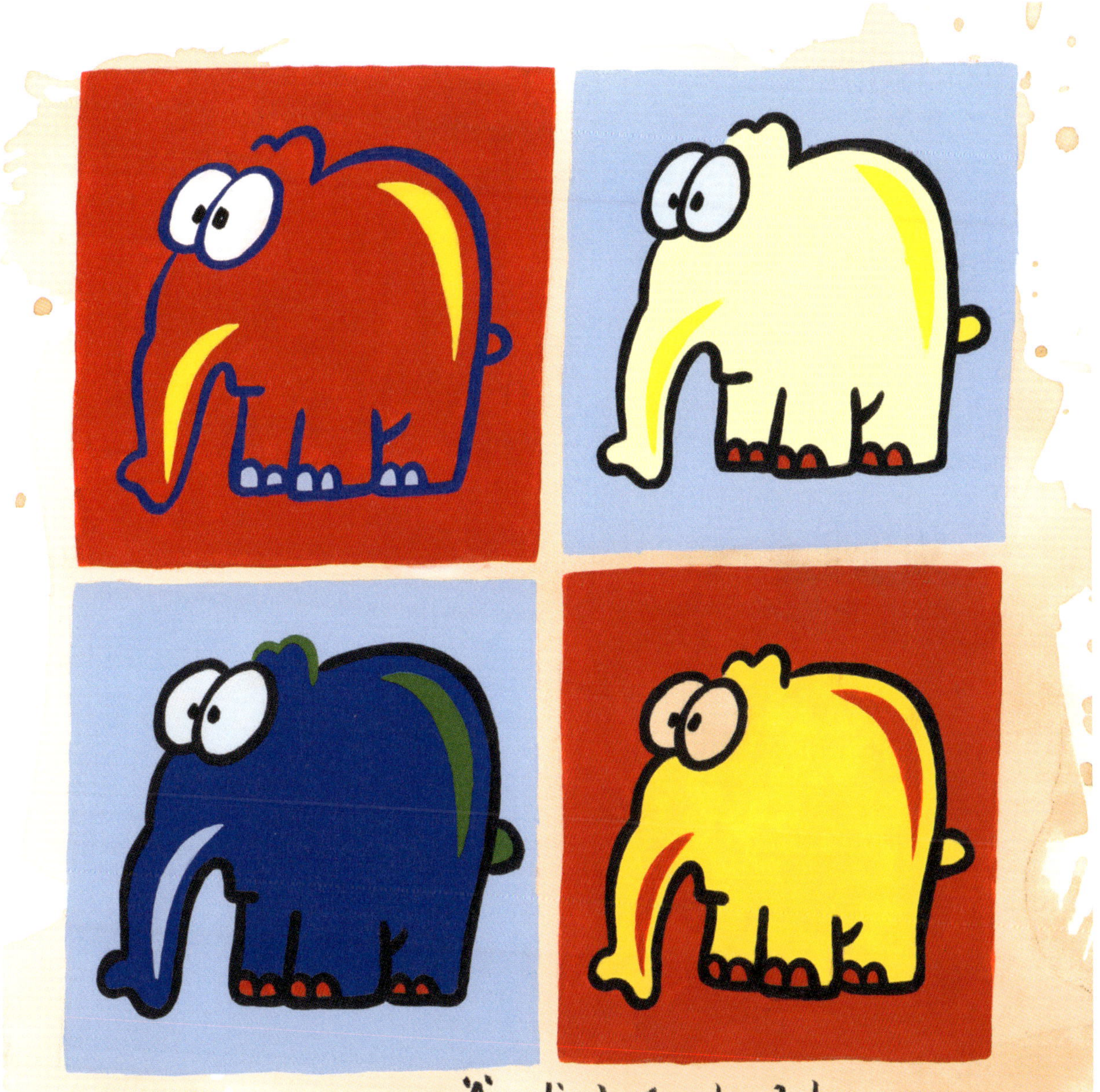
Ändie Worhohl

Big Splash

Nach David Hockney, »A Bigger Splash«, 1967

Es gibt Bilder, bei deren Anblick man die Zeit zurückdrehen möchte, genauer gesagt, den Augenblick, der auf dem Bild festgehalten ist, vorverlegen, und sei es nur um eine Sekunde oder deren Bruchteil.

Da Vincis »Mona Lisa« ist wieder einmal dabei. Wie hat La Gioconda ausgesehen, bevor sich die Mundwinkel zu jenem berüchtigten Lächeln anhoben? Oder Dürers Hase, bevor er Habachtstellung einnahm? Oder Botticellis Venus, bevor sie ihre Blöße bedeckte? Oder Edvard Munchs gewundene Figur, bevor sie den Mund aufreißt?

Auch David Hockneys »Bigger Splash« gehörte in diese Kategorie – bis Otto Waalkes auf die Idee kam, die Ursache für das aufspritzende Wasser zu enthüllen: die Arschbombe seines Ottifanten wirkt wie das Eindringen der Unschuld vom Lande in dies künstliche Paradies einer südkalifornischen Pool-Area. Der kleine graue Unruhestifter bringt etwas wohltuend Rundliches in die streng rechtwinklige Komposition und macht aus dieser Ikone der Moderne ein Bild der Lebenslust, indem er das tierische Wesen mit zutiefst menschlichen Zügen ausstattet – Daseinsfreude ist selten so überzeugend dargestellt worden.

Hockney hätte das vermutlich gefallen. Denn es gibt kaum einen Meister, dessen Leben und Werk so viel Liebe zum Lebendigen ausdrücken. »Soweit ich Hockneys Gesamtwerk überblicken kann«, bemängelt Otto Waalkes, »kamen darin überhaupt keine Ottifanten vor! Das musste anders werden!« Und siehe: Es ward anders.

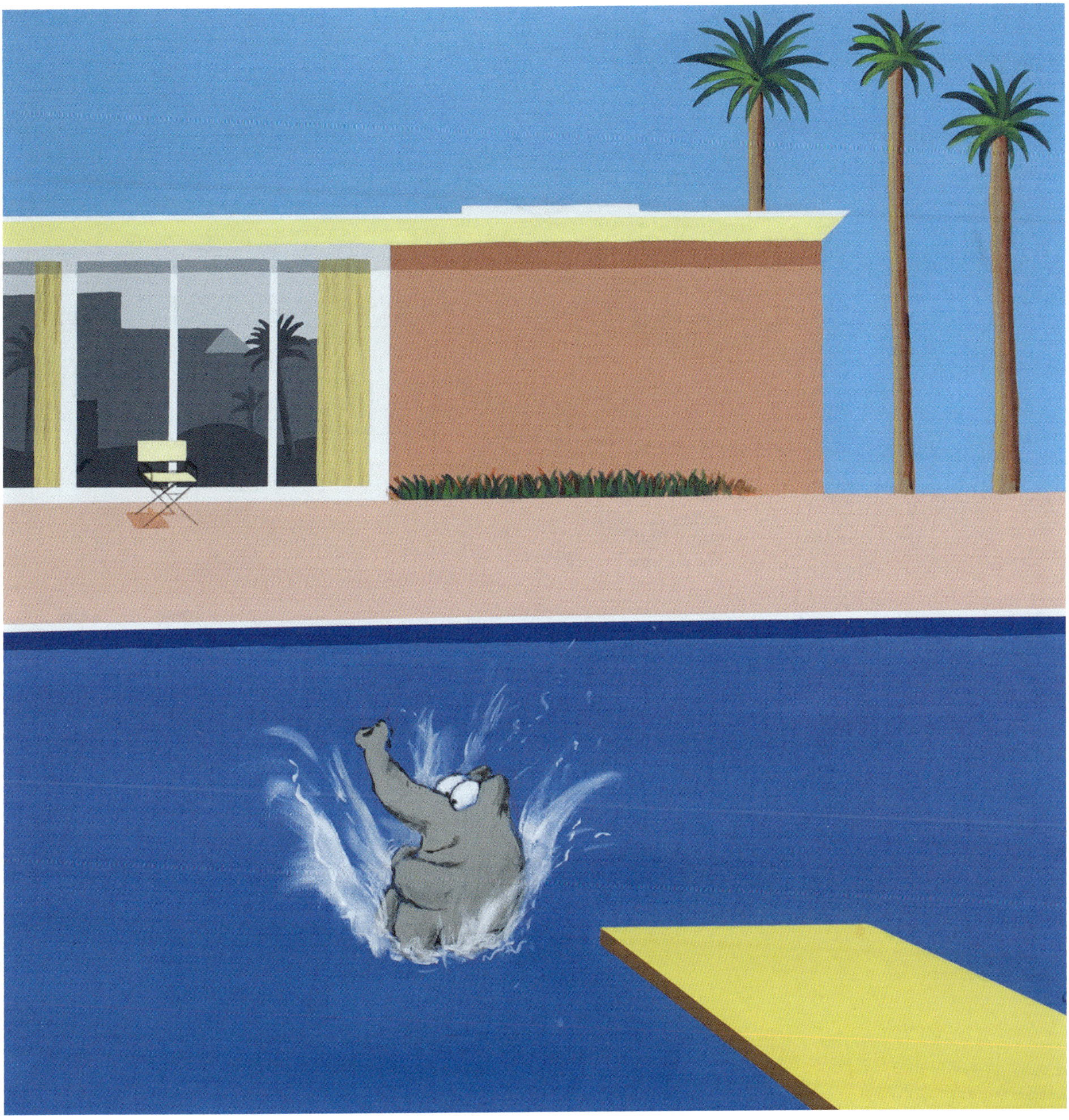

Von Herzen

Nach Keith Haring, »Heart«, 1982

Keith Haring wurde 1958 im Osten der USA geboren. In seinem kurzen Leben bemalte er alles, was sich nicht bewegt, vor allem Wände und Leinwände. Ein Jahr lang hielt er es auf der Kunstakademie aus, doch seine Kunst kommt von der Straße und nennt sich deswegen Streetart. Sie ist simpel und soll allgemeinverständlich sein, eine bunte Mischung aus Höhlenmalerei und Piktogrammatik, Hieroglyphen und Emojis. Damit blickte Haring auf eine lange Ahnengalerie zurück.

Die älteste Frage unserer Abstammungsgeschichte hat schon Charles Darwin beantwortet – allerdings wird seine Antwort nicht überall auf der Welt gern gehört. Selbst wenn Darwin mit seinem Rauschebart dem lieben Gott recht ähnlich sah, mochte er nämlich nicht glauben, was in der Bibel steht: dass Gott den Menschen schuf nach seinem Ebenbild – also nach dem Gottes, nicht nach dem Darwins.

Andererseits glauben Amerikaner von Alabama bis Tennessee nicht an Charles Darwin. Besonders dass die Wiege der Menschheit demnach vor Jahrmillionen ausgerechnet in Afrika stand, gefällt diesen Enggläubigen gar nicht. Sie hätten es lieber, wenn die ganze Schöpfung sich ohne Umweg über das Affenartige bibelgerecht vor gerade mal 6000 Jahren und möglichst vor ihrer Haustür abgespielt hätte.

So hat jeder seine eigene Schöpfungsgeschichte. Den Indern zum Beispiel sind die Elefanten heilig, da acht von ihnen das Weltengebäude auf ihren breiten Schultern tragen – acht Ottifanten, keine Inder.

Keith Haring liebte Tierdarstellungen, besonders Hunde. Für Andy Warhol hat er auch eine Elefantenplastik übermalt. Das Leben ihres Schöpfers war kurz und endete traurig. Aids war im letzten Jahrhundert noch eine unheilbare Krankheit. So wirkt Harings Werk im Nachhinein wie ein Protest gegen die Ungerechtigkeit der Natur. Mit dem Ottifanten hat Otto Waalkes ihm ein weiteres Denkmal gesetzt.

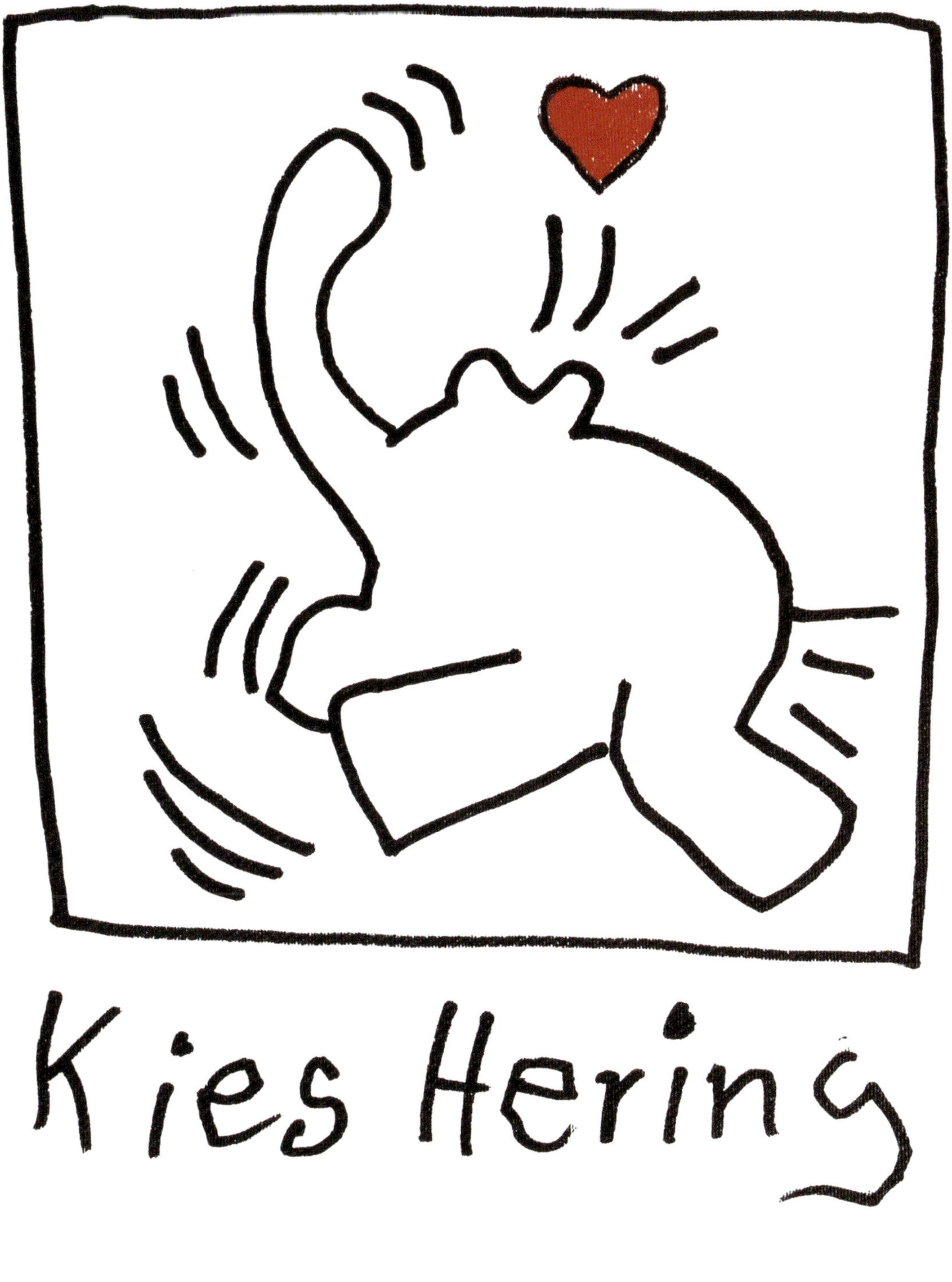
Kies Hering

König der Dinofanten

Nach Jean-Michel Basquiat, »Dinosaurier«, 1984

»Die Dinosaurier wer'n immer trauriger«, reimte Lorenz »Lonzo« Westphal schon 1980. »Die armen Saurier, die armen Saurier …«

Basquiats Porträt eines gekrönten *Tyrannosaurus rex* ist vieldeutig: Feiert es die Herrschaft des Barbarischen oder geißelt es die Machenschaften der Kronkorkenindustrie? Basquiats Bewunderer werten das Bild als bissige Kritik an der Kommerzialisierung des Kunstmarkts, der Ausbeutung des Künstlers und seiner eigenen Erfahrung damit. Allzu viel konnte er nicht sammeln. Jean-Michel Basquiat starb 1988, keine dreißig Jahre alt, unter Hinterlassung von 1000 Gemälden und 2000 Zeichnungen. Immerhin musste er so nicht mehr miterleben, wie ausgerechnet dies Saurier-Motiv auf allen möglichen Geschenkartikeln vom Fußabtreter bis zum Topflappen vermarktet wurde.

Nun trägt der Ottifant die Krone, deren drei Zacken an den Buchstaben W erinnern – W wie Waalkes? Nein, W wie Warhol, der das Zeitalter Picassos und der zeichnerischen Talente beendete und dem Basquiat damit Tribut zollt – genau wie Otto Waalkes ihm mit dem alten Lied:

»Drei Zacks hat meine Krone
Mein Krönchen hat drei Zacks.
Denn wär sie völlig ohne
Wär's gar nicht meine Krone.«

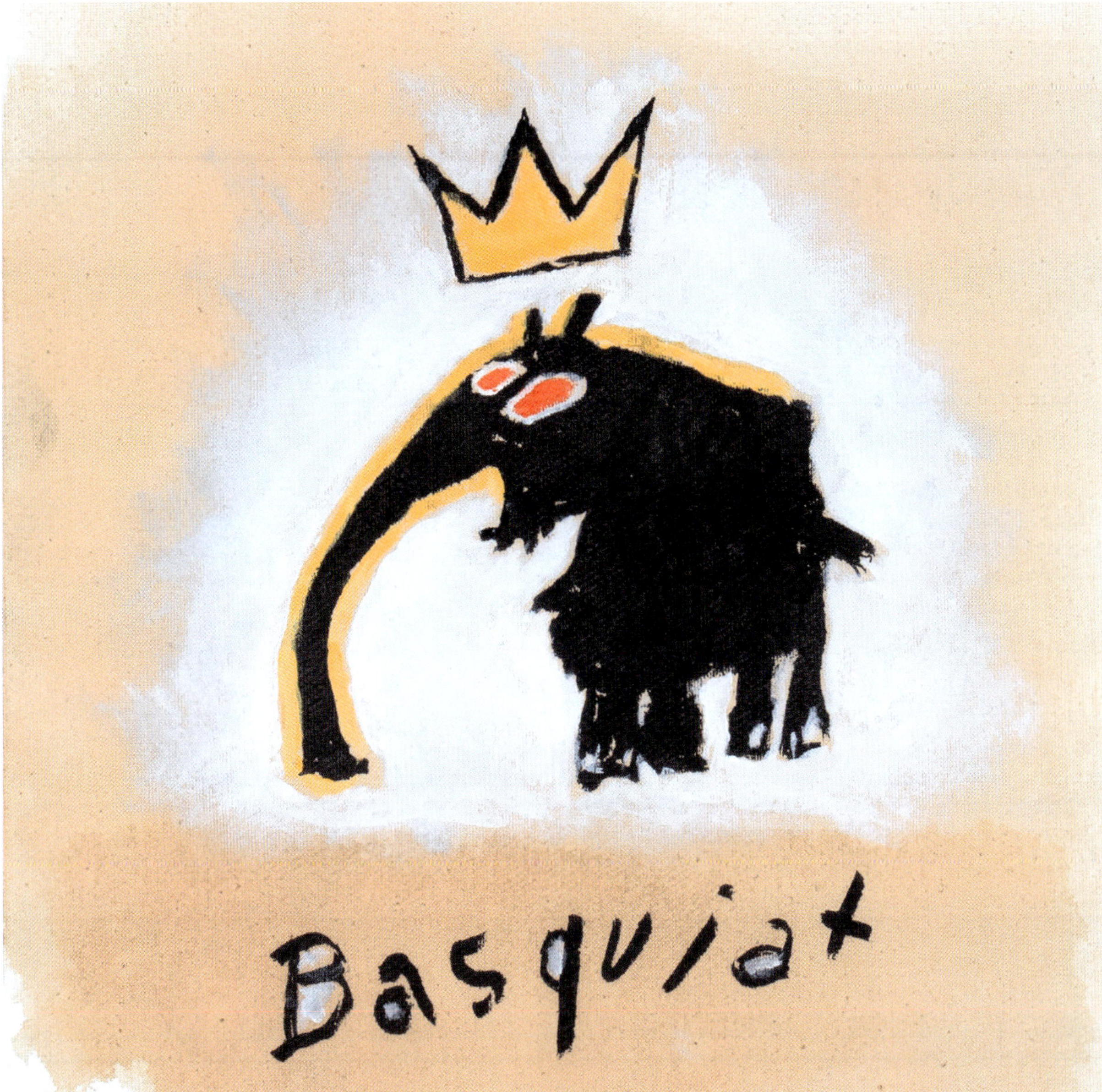
Basquiat

Spotify

Nach Damien Hirst, »Spot Paintings«, 1986–2011

Andy Warhols Definition von Kunst klingt sehr simpel: »Kunst ist, womit man durchkommt.« Heißt wohl: Wer genug Leute davon überzeugen kann, dass es sich bei den eigenen Produkten um Kunstwerke handelt, ist ein Künstler. Mit der Komik verhält es sich ähnlich: Wenn genug Leute glauben, einer wäre komisch, ist er ein Komiker. Kunst und Komik sind also Glaubens- und Vertrauenssachen; Hosenkauf natürlich auch.

Damien Hirst testet seit gut dreißig Jahren, wie weit er das Vertrauen seiner Verehrer und Sammler strapazieren darf. Er hat Haie konserviert, Totenschädel verziert, zum Tanz um Goldene Rinder gebeten – dann kam er auf die Idee, gut dreihundert Bilder mit bunten Punkten auf weißem Grund herstellen zu lassen: Die wurden weltweit zwischen Paris und Los Angeles auf diverse Galerien verteilt. In jeder dieser Galerien konnten sich Besucher einen Stempel geben lassen, und wer alle hatte, bekam einen Hirst geschenkt – kein Original natürlich, doch immerhin einen schönen Kunstdruck.

Woran erinnert diese Idee? Etwa an Treuepunkte im Supermarkt? Mehr noch an Pilgerstraßen wie den Jakobsweg; auch da wird jede Etappe per Stempel beglaubigt, und am Ende gibt es zur Belohnung ein gutes Gefühl. Die Parallele ist nicht ganz zufällig: Ob das, was Damien Hirst gemacht hat, noch mit Kunst zu tun hat, ist Glaubenssache.

Damien Hirst kann es ja selbst schwer begreifen: »Ich kann's kaum erwarten, in die Position zu kommen, die es mir erlaubt, richtig miese Kunst zu machen und damit durchzukommen.« Das hat Damien Hirst geschafft: »Nach einer Weile kommt man mit allem durch.« *Spot Paintings* gibt es wirklich – allerdings nicht zu Spottpreisen.

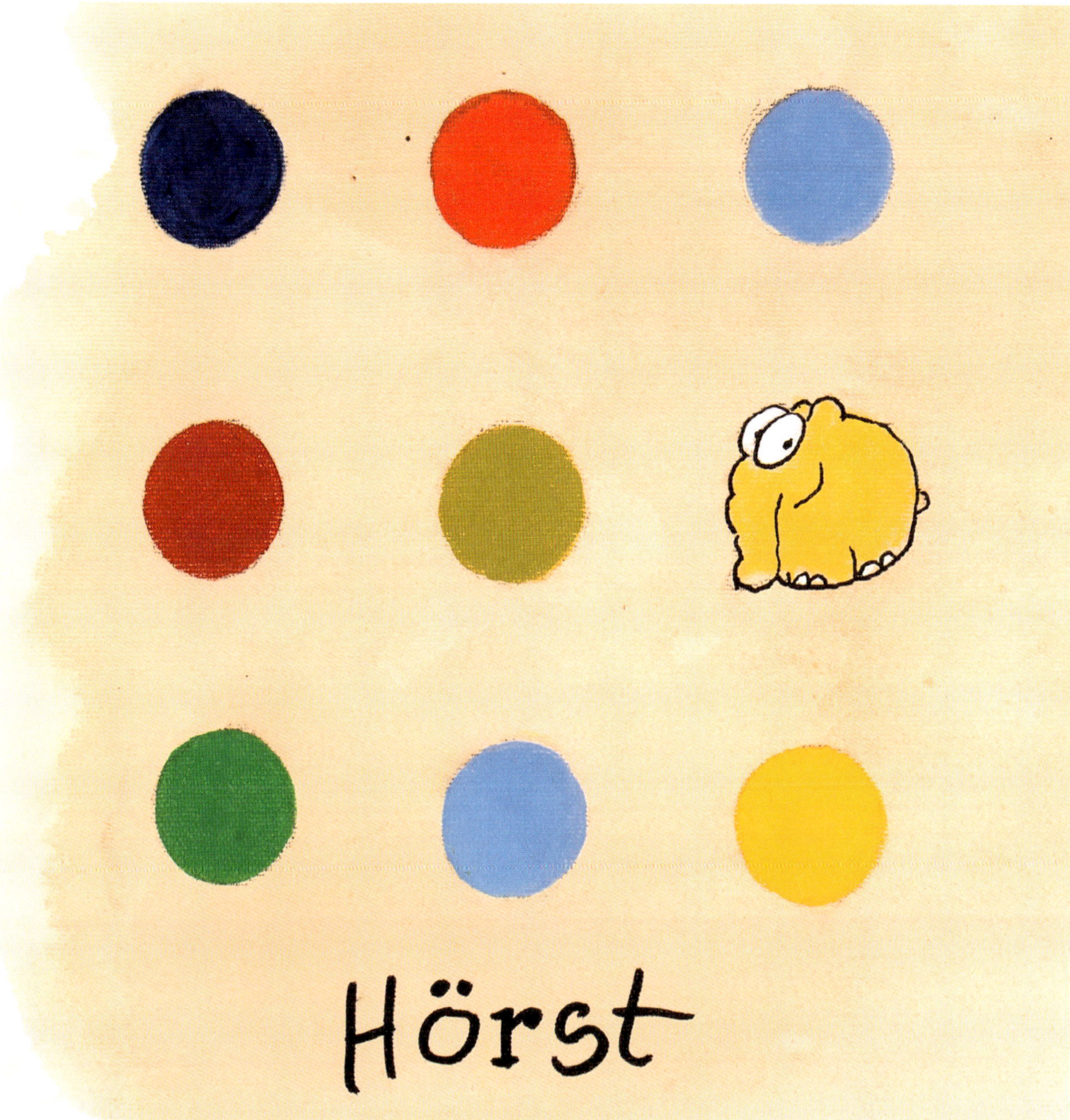
Hörst

Schattenspiel

Nach Mark Kostabi, »Cobranetics«, 1990

Schneller als sein Schatten zieht nur einer: Lucky Luke, wie der Name schon verrät, ein glücklicher Held. Ein eher unglücklicher ist dagegen Peter Schlemihl, der Mann, der seinen Schatten verkaufte für ein Glückssäckel, mit dem er sich fortan jeden Wunsch erfüllen kann. Das klingt zunächst nach einem guten Geschäft, wirft aber Probleme auf, und Schlemihl kann von Glück sagen, dass er mit dem Schrecken davonkommt. »Auf unserer Welt gibt es überhaupt nur zwei Arten von Tragödie: dass man das, was man haben möchte, nicht bekommt oder dass man es bekommt.« Das wusste bereits Oscar Wilde.

Schon im alten Griechenland entdeckten Maler, dass da, wo Licht ist, auch Schatten geworfen werden. Bert Brecht hat das gut besungen: »Denn die einen sind im Dunkeln / Und die anderen sind im Licht. / Und man siehet die im Lichte / Die im Dunkeln sieht man nicht.«
Diese Erkenntnis wurde dann zugunsten himmlischer Botschaften ein Mittelalter lang vernachlässigt und erst knapp zwei Jahrtausende später wiederentdeckt: Neben der Perspektive ist der Schatten eine der Errungenschaften der Renaissance. Oder wie Otto Waalkes gereimt hat: »Wer den Schatten nicht ehrt / ist des Lichtes nicht wert.«

Beim Schattenwerfen auf Leinwand belegen Rembrandt, Caravaggio und Giorgio de Chirico immer noch die Plätze 1 bis 3.

Auf einem undankbaren 4. Platz wäre womöglich Mark Kostabi gelandet, müsste er nicht in einer anderen Gewichtsklasse antreten. Eine ehrenvolle Erwähnung hat er sich immerhin verdient dafür, dass ihm nach all den schattenlosen Abstraktionen ein kleines Licht aufging.

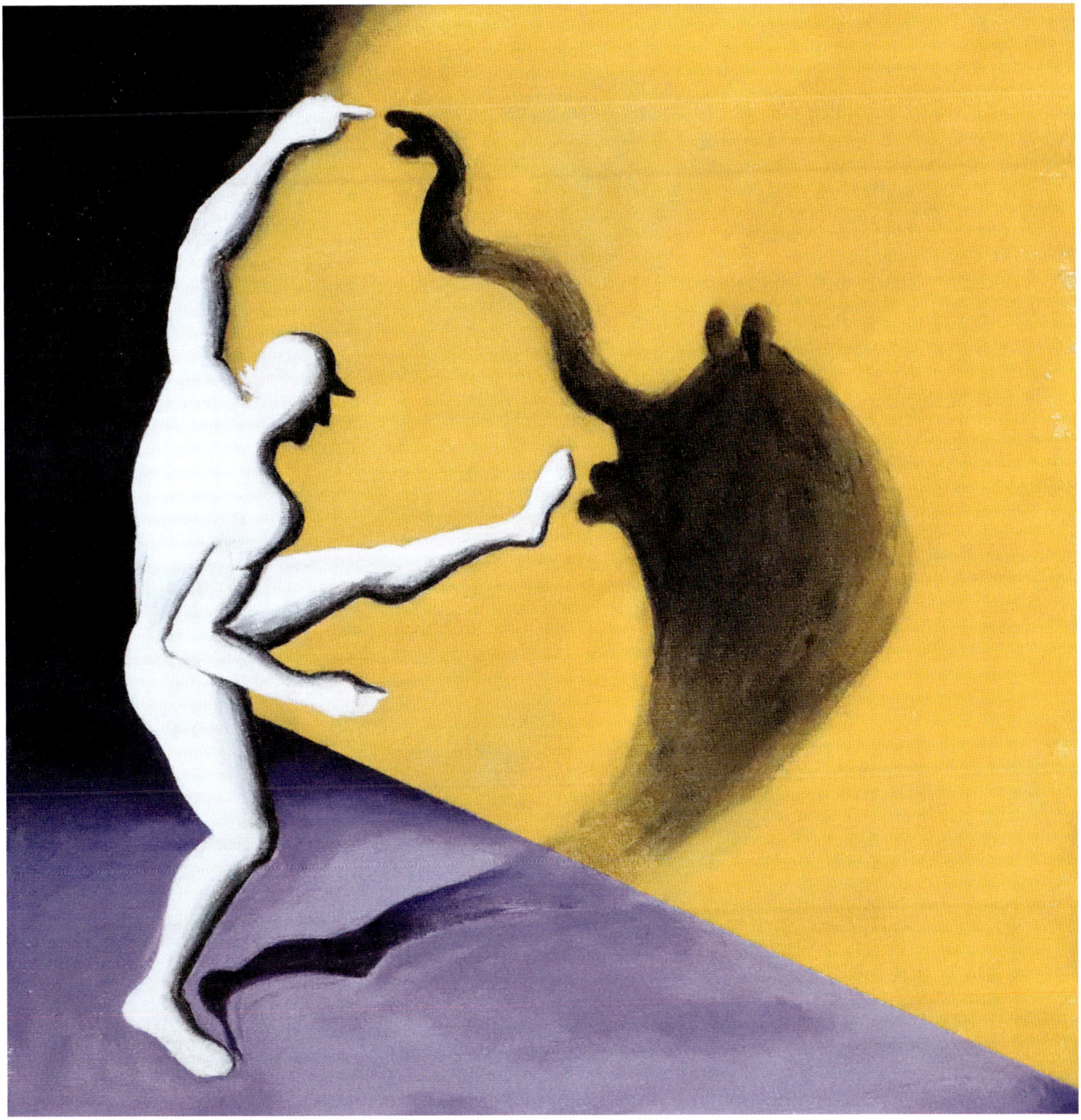

Faust I

Nach Jeff Koons, »Balloon Dog«, 1994–2000

FAUST – der Tragödie 1. Teil

SZENE 1:
Studierzimmer. Faust versucht gerade, die Hundefibel aus dem Küchenlateinischen ins Ostfriesische zu übersetzen.

FAUST: Eersmoal wör do een Köter
Wat anners seiht wi spöter …
Auftritt: Ein Pudel
Nu sech moal, wo komt ji denn heer?
Un wat wüllt ji, ji leewet deer?
Der Pudel verwandelt sich in Jeff Koons.
Dat is dem Pudeldeer sin Keern?
Ick sei di awers gor nich geern.

Koons: Aber, Herr Faust, ich –

FAUST: Hol blooß dien Schnuut, ji Schubbjack,
speelst annerlüt veel Schoabernack!
Een Wiesmaker, een Trickbetröger!
De Saken würd mi jümmers dröger!
Ick kumm in Brass, in puure Wuut!
Ick hew genoog, nun scheer di ruut!

KOONS: Erlauben Sie mal, ich bin Jeff Koons!

FAUST: Eben. *Er tritt Jeff Koons gezielt in den Hintern, der verwandelt sich wieder in einen Pudel, diesmal einen aus Edelstahl. Faust tritt noch einmal zu.* Aua!

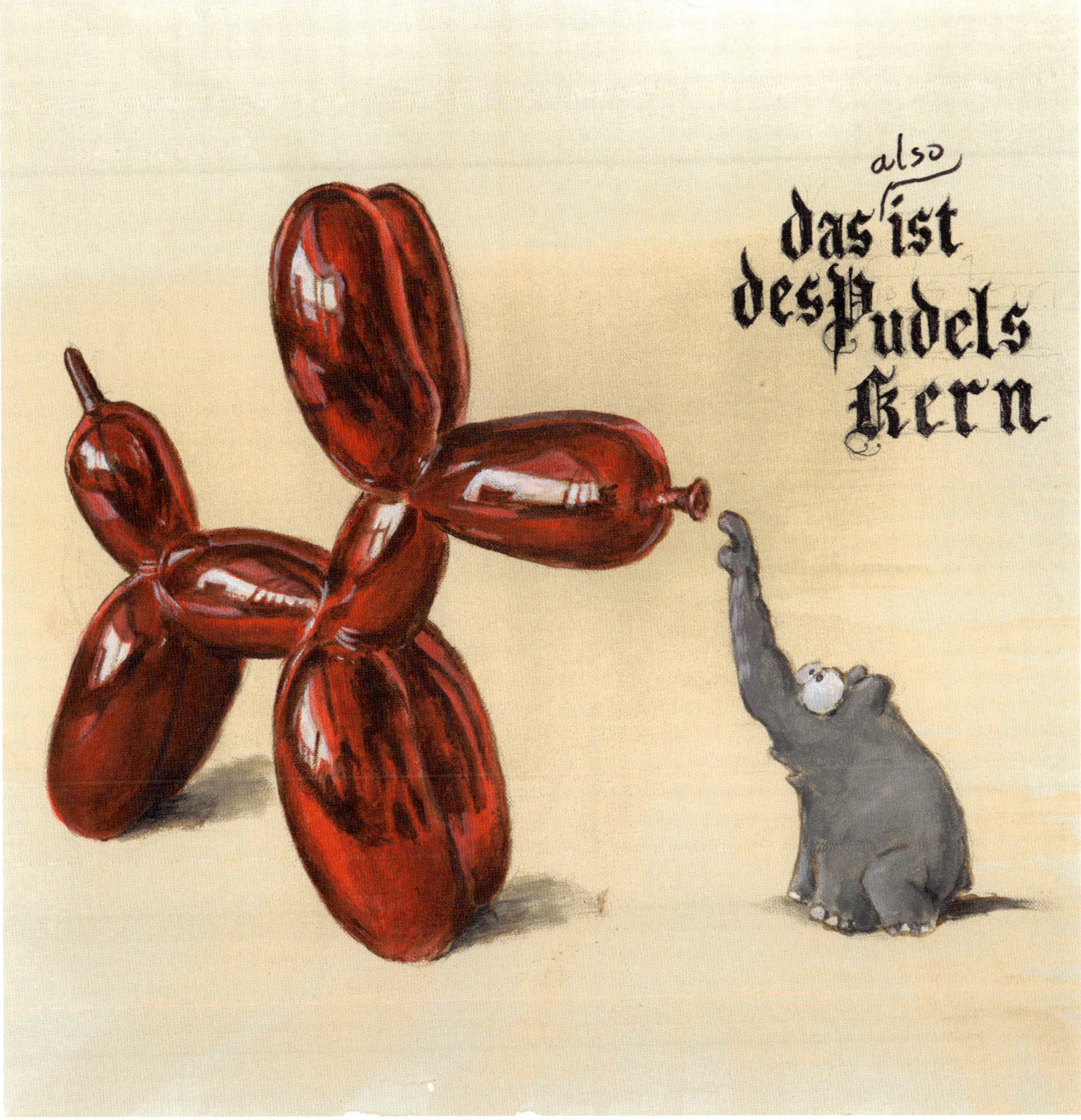
das also ist
des Pudels
Kern

Flowerpower

Nach Takashi Murakami, »Flowers«, 2010

Ratlos steht man vor dem Werk
mancher Künstler, bis man merkt,
was genau dahintersteckt
und zu welchem guten Zweck
dieses Werk geschaffen ward:
zum großen Check der Gegenwart.

In diesem Fall, da ahn ich es:
Dies Werk hat was Japanisches.
Wie Sushi oder Origami
so auch Takashi Murakami.
Es sieht gewissen Comics ähnlich
und ist durchaus nicht unansehnlich.

Schaut nur, wie hell die Sonnen strahlen,
als würd man sie dafür bezahlen.
Warum sie strahlen, bleibt im Dunkeln.
In Kennerkreisen hört man munkeln:
Entlarvt würd hier das Triviale
des Kunstmarkts samt der Preisspirale.

Herrn Murakami macht das reich –
den Ottifanten ist das gleich.

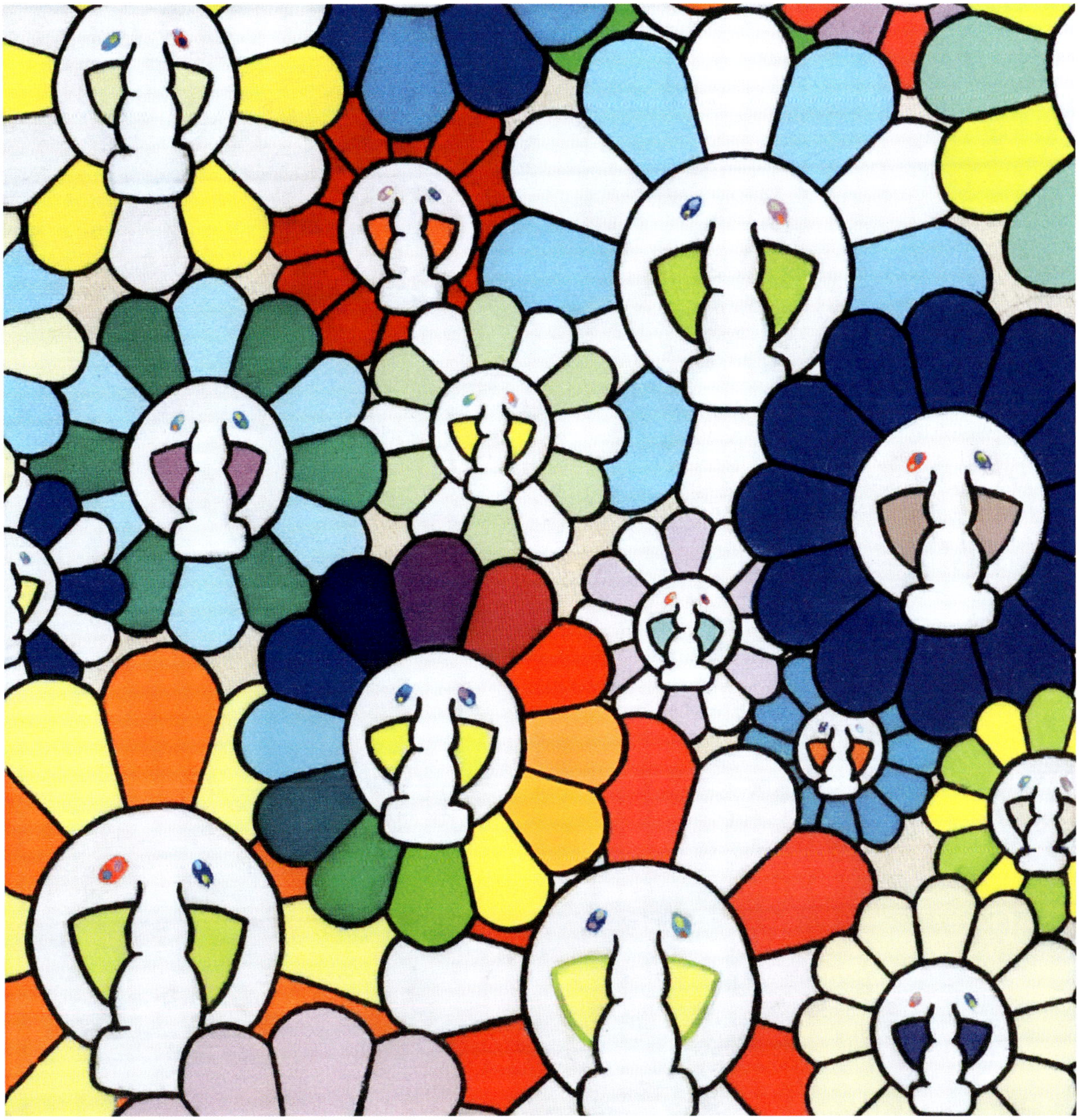

Flyer

Nach Banksy, »Girl with Balloon«, 2012

Wer ist Banksy?, fragt die Masse.
Macht er Kunst oder nur Kasse?
Ist er Einer oder Viele?
Und erkennt man das am Stile?

Nun, sein Stil ist unpersönlich,
seine Botschaft unversöhnlich:
Für das Gute, gegen's Schlechte.
Gegen Falsches, für das Echte.

Einerseits durchaus sympathisch –
Eines nur ist problematisch:
Gibt's denn keinen Reim auf Banksy?
Doch – wenn man es nicht zu eng sieht.

Anders als Andy Warhol, Jeff Koons und Damien Hirst wehrt sich der Brite Banksy gegen den Zynismus des Kunstmarkts. Womöglich wird er es sogar schaffen, die Kluft zu überwinden, in die ein Street Artist zu fallen droht, wenn er ins museale Fach wechselt und aus Protest damit Profit wird. Glaubwürdigkeit, *street credibility*, zu wahren, wenn der Markt die Kunst eines Außenseiters integriert und die Preise in die Höhe treibt, ist Banksys rühmenswertestes Kunststück und hat mehr als eine Hommage verdient – unabhängig davon, wie man die Qualität seiner bisherigen Werke einschätzt.

Dass die finanzielle Bewertung kein zuverlässiger Gradmesser ist, sollte wohl klar sein: Teure Bilder sind weder besser noch schlechter als weniger teure. Sie kosten nur mehr Geld.

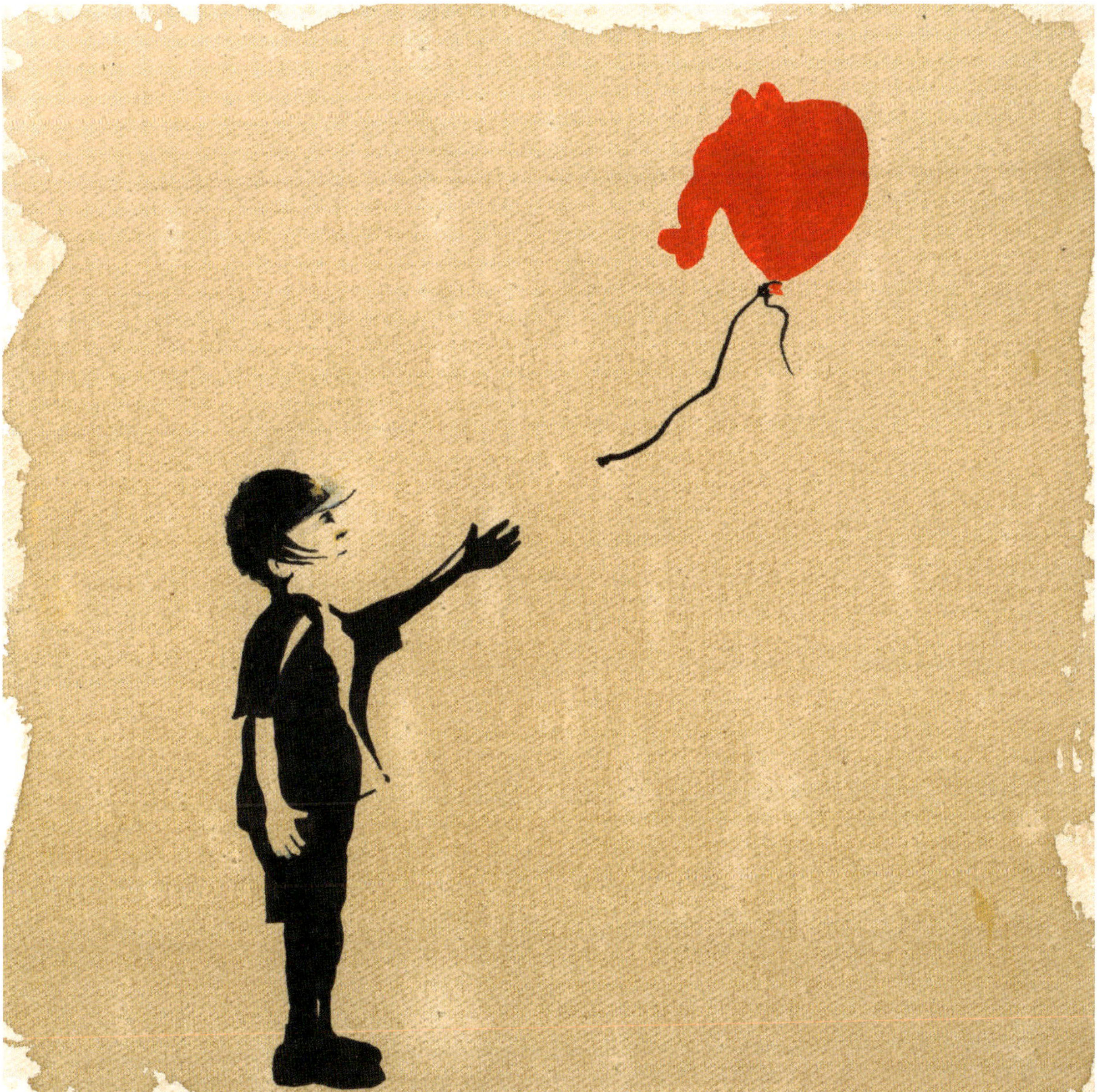

Selbstkritik
Nach Alec Monopoly (aka Alec Andon), »Monopoly holding $ cash«, 2017

Wenn heutzutage von Kunst die Rede ist, geht es früher oder später nur noch um Geld oder Geldeswertes. Vermutlich war das schon immer so. Auch die besten Höhlenmaler verlangten bald ein Mammutschnitzel mehr für ihre Mühe. Geschäftstüchtige Maler wie Albrecht Dürer dachten sich Markenzeichen aus, um sich vor Nachahmern zu schützen. Lukas Cranach der Ältere lieferte große Reformatoren, die Stars seiner Zeit, wie vom Fließband. Der Jüngere perfektionierte die Methode und schuf ein multiples Werk: So gibt es eine elfteilige Vorlage, die eine Gestalt zeigt, der wahlweise der Kopf von Melanchthon, Luther oder Jan Hus »aufgesetzt« werden kann.

Die Verträge, die in der Renaissance für das Ausmalen von Kirchen und Schlössern abgeschlossen wurden, gingen bis ins letzte Detail: Materialkosten, Arbeitszeit, selbst die Anzahl der Gänge, die dem Maler zum Abendessen vorzusetzen waren, wurden festgeschrieben. Modernen Kunstwerken sieht man ihren Marktwert meist von Weitem an.

Auf den Blättern des Amerikaners Alec Monopoly erscheint häufig ein freundlicher alter Herr mit schlohweißem Schnauzbart und schwarzem Zylinder, der gern einen prallen Sack vorzeigt, dessen Inhalt ein Dollarzeichen verrät. Die traditionelle Version des Bildes vom Kapitalisten, wie es von politischen Karikaturisten wie Honoré Daumier und George Grosz geprägt wurde und schon lange nicht mehr gültig ist.

Fett werden heute andere, die Reichen halten sich fit. Und wenn sie sonst ihr Vermögen für Yachten und Jets ausgäben, ist es da nicht verdienstvoll, den Reichen ihr Geld für Kunst abzunehmen?

Wer heute eine andere Moral auf dem Kunstmarkt findet, soll sie bitte an der Kasse abgeben. Vielen Dank.

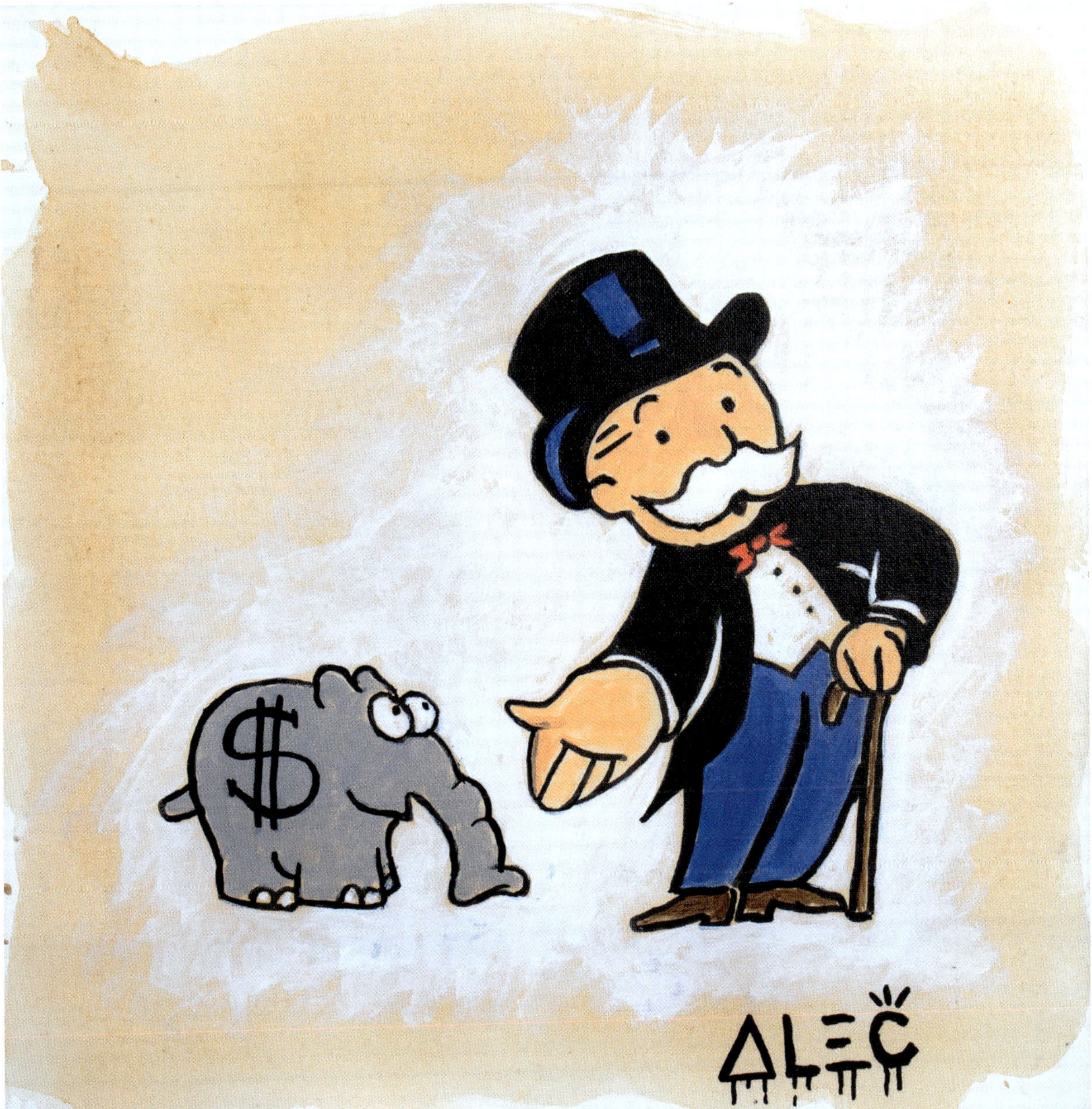
ALEČ

DER FEINE UNTERSCHIED
Oder: Eine Verneigung vor der Zeichenkunst und ihren Folgen

Viele haben gern gehört,
worauf Herr Joseph Beuys so schwört:
Denn ihm verdanken wir die Lehre,
dass jeder Mensch ein Künstler wäre.
Und mancher zieht daraus den Schluss,
dass nun auch er was malen muss.
Man sieht seitdem in diesem Rahmen
immer mehr wohlbekannte Namen.
Folgsam folgt nun die Prominenz
dem malerischsten aller Trends.

Leider fehlt's den meisten VIPs
an Stilgefühl, Geschmack und Grips.
Manche lieben zwar die Kunst,
sie haben aber keinen Dunst,
wie man dann das, was man verehrt,
möglichst geschwind und unversehrt,
und ohne dass man sich blamiert
auf eine Leinwand transferiert.
Was man da sieht, ist guter Wille –
die reinste Qual für die Pupille.

Ja, manchmal grenzt es schon an Sünde,
doch auch hierfür gibt es Gründe:
Die Mächte, die man Schicksal nennt,
verteilen nämlich das Talent
meist willkürlich und farbenblind –
wir sehen, was die Folgen sind:
Der eine hat's, der andre nicht;
der eine kann's, der andre spricht:
»Ach, diese Welt ist wahrhaft schlecht!
Ja, und das Leben ungerecht.«

So hadert er mit dem Geschick
und griffe wohl zum nächsten Strick –
wär da nicht noch die eine Quelle,
aus der ganz einfach auf die Schnelle
gewissermaßen jedermann
was Ansehnliches schöpfen kann.
Wer dessen Ursprung kennt, der packt es:
Er malt fortan nur mehr Abstraktes.

Denn so befreit er Form und Farbe
und braucht dazu nicht mal die Gabe,
durch Ähnlichkeiten zu brillieren
oder Bestimmtes zu skizzieren.
Er küsst die Muse ungebeten.
Und wir erkennen ganz betreten:
Es gibt im Grunde kein Gelingen,
wenn man nicht scheitern kann an Dingen.

So wundert es mich umso mehr,
wie es passiert, dass ein Malheur
so rasend rasch Verbreitung finde.
Der Kenner freilich nennt die Gründe:
Egal, wie krumm was ist und schief,
das Zauberwort heißt: kreativ.
Denn merke: Ohne Gegenstand
erkennt kein Mensch den Dilettant.

Und darin liegt der ganze Trick,
davor verneigt sich die Kritik.
Fehlt ihr mal ein Kriterium,
stellt sie sich unvermittelt dumm
und rauscht, von jedem Sinn befreit,
durchs Fallrohr der Beliebigkeit
direkt in den Bedeutungssumpf.
Der Fall ist tief, der Aufprall dumpf.

Und dies Geschick ist wohl zu gönnen,
den Malern, die nicht zeichnen können.
Was man erwirbt in ihren Rahmen,
ist nicht das Bild – es sind die Namen.
So trifft fast jeder VIP, der malt,
auf jemand, der dafür bezahlt.
Ist das Ergebnis noch so schlecht –
der echte Fan hat immer recht.

Zum Glück geschieht es dann und wann,
dass einer malt, der zeichnen kann.
Der gilt vielleicht als prominent –
doch das zählt nicht in dem Moment,
weil er beherrscht, was er da tut,
und malen kann – so ist es gut.
Und dieses Buch, wie man drin sieht,
zeigt diesen feinen Unterschied.

Bernd Eilert

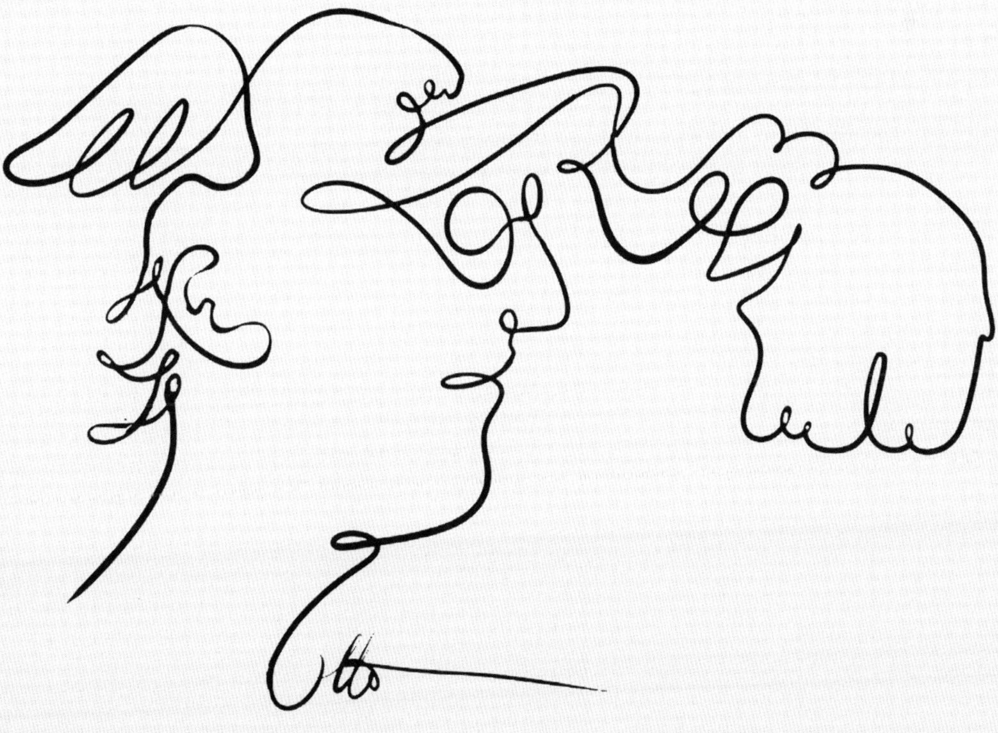

Belting, Hans, *Das unsichtbare Meisterwerk – die modernen Mythen der Kunst*, München 1998

Bongard, Willi, *Kunst & Kommerz*, Oldenburg 1967

Busch, Werner, *Die Künstleranekdote 1760–1960*, München 2020

Butin, Hubertus, *Kunstfälschung. Das betrügliche Objekt der Begierde*, Frankfurt 2020

Corino, Karl, *Gefälscht – Betrug in Literatur, Kunst, Wissenschaft und Politik*, Nördlingen 1988

Friedrich, Karl-Josef, *Künstleranekdoten*, Radebeul 2017

Gockel, Bettina, *Die Pathologisierung des Künstlers: Künstlerlegenden der Moderne*, Berlin 2010

Gombrich, Ernst, *Die Geschichte der Kunst*, Frankfurt 1996

Hebborn, Eric, *Kunstfälschers Handbuch*, Köln 2011

Jeuthe, Gesa, *Kunstwerte im Wandel*, Berlin 2011

Koldehoff, Stefan; Timm, Tobias, *Kunst und Verbrechen*, Berlin 2020

Koldehoff, Nora und Stefan, *Aktenzeichen Kunst – die spektakulärsten Kunstdiebstähle*, Köln 2005
Wem hat van Gogh sein Ohr geschenkt? – Alles, was Sie über Kunst nicht wissen, Berlin 2007

Krems, Eva Bettina, *Der Fleck auf der Venus – 500 Künstleranekdoten von Apelles bis Picasso,* München 2005

Kris, Ernst; Kurz, Otto, *Die Legende vom Künstler: Ein geschichtlicher Versuch*, Frankfurt 1995

Maaz, Bernhard, *Im Tempel der Kunst. Die Künstlermythen der Deutschen*, München, Berlin 2008

Mitterbauer, Helga; Tragatschnig, Ulrich (Hrsg.), *Moderne. Kulturwissenschaftliches Jahrbuch 2* (2006) Themenschwerpunkt: Iconic Turn?, Innsbruck, Wien, Bozen 2007

Mosebach, Martin, *Du sollst dir ein Bild machen*, Hamburg 2020

Scheffler, Karl, *Das lachende Atelier: Künstleranekdoten des 19. Jahrhunderts*, Zürich 1943

Vasari, Giorgio, *Jeder nach seinem Kopf – Die verrücktesten Künstlergeschichten der italienischen Renaissance*, Berlin 2008

Vollard, Ambroise, *Erinnerungen an Edgar Degas*, Bern, Wien 2012

Warnke, Martin, *Künstlerlegenden – kritische Ansichten*, Göttingen 2019

Wittkower, Margot und Rudolf, *Künstler. Außenseiter der Gesellschaft*, Stuttgart 1989

Wulffen, Erich, *Die Psychologie des Hochstaplers*, Berlin 2018

Impressum

Die vorliegende Zusammenstellung von anlehnenden Gemälden und erläuternden Zitaten stellt neben einem Ausdruck der Wertschätzung für die Originale auch und vor allem eine Hommage an die Vielfältigkeit der Kunst dar. Die hierfür verwendete nachahmende oder zitierende Kulturtechnik des Pastiches ist ein prägendes Element des zeitgemäßen kulturellen Schaffens und nach § 51 a UrhG ausdrücklich erwünscht und gestattet.

FSC® MIX
Papier | Fördert gute Waldnutzung
FSC® C004592
www.fsc.org

Penguin Random House Verlagsgruppe FSC® N001967

7. Auflage

Originalausgabe 2023

in der Penguin Random House Verlagsgruppe GmbH,
Neumarkter Straße 28, 81673 München
Redaktion: Johann Lankes, München
Mitarbeit: Bernd Eilert, Frankfurt
Umschlaggestaltung: wilhelm typo grafisch, Zürich
unter Verwendung eines Gemäldes von Otto Waalkes
Layoutkonzept und Satz: Martina Eisele, Eisele Grafik·Design, München
Fotos S. 6, 8, 9 und hintere Klappe: © MIKEKRAUS.works
Alle anderen Fotografien, Grafiken und Gemälde im Innenteil:
© Otto Waalkes
Druck und Bindung: Firmengruppe APPL, aprinta druck, Wemding
Printed in Germany
ISBN: 978-3-453-21861-1

www.heyne.de

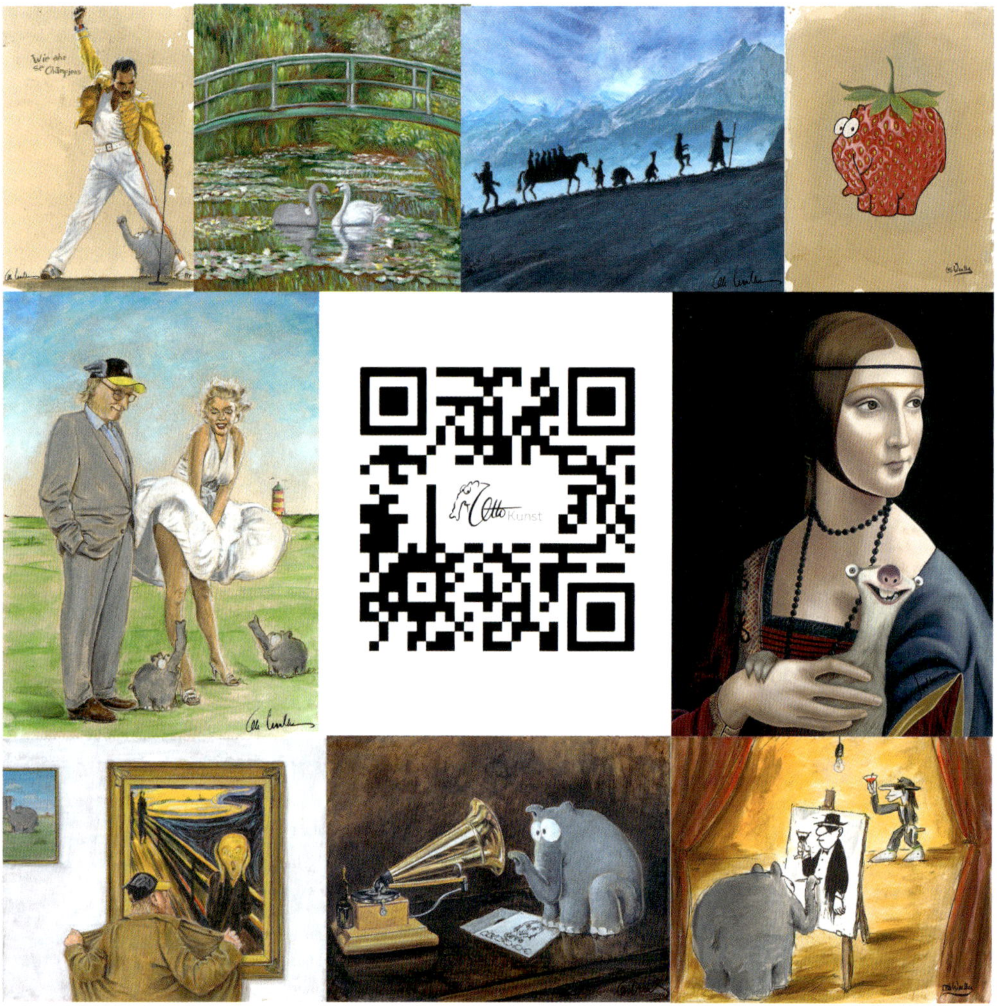